Methodenlehre zwischen Wissenschaft und Handwerk

Erstes Bielefelder Kolloquium

Herausgegeben von

Susanne Hähnchen

Mohr Siebeck

Susanne Hähnchen ist Professorin an der Universität Bielefeld und lehrt und forscht zum Bürgerlichen Recht, zur Rechtsgeschichte und zur Methodenlehre.

ISBN 978-3-16-156892-3 / eISBN 978-3-16-156893-0
DOI 10.1628/978-3-16-156893-0

Die Deutsche Nationalbibliothek verzeichnet diese Publikation in der Deutschen Nationalbibliographie; detaillierte bibliographische Daten sind über *http://dnb.dnb.de* abrufbar.

Das Buch wurde von Gulde Druck in Tübingen aus der Garamond gesetzt, auf alterungsbeständiges Werkdruckpapier gedruckt und gebunden.

Printed in Germany.

Methodenlehre zwischen Wissenschaft und Handwerk

Inhaltsverzeichnis

Vorwort VII

Begrüßung durch den Dekan der Fakultät für Rechtswissenschaft Bielefeld IX

Gerhard Otte
Grotius über Mathematik und Moral: Zur Abhängigkeit der (Rechts-)Wissenschaft von der Aristotelischen Logik 1

Klaus Adomeit
Meine Diskussion mit Säcker über die juristische Methodenlehre 15

Zusammenfassung der Diskussion 21

Heinrich Honsell
Auslegung und Rhetorik 25

Sebastian A. E. Martens
Matthaeus Gribaldus Mopha, De methodo ac ratione studendi in iure. Reflektionen zur juristischen Methodenlehre zwischen Theorie und Praxis 37

Uwe Wesel
Iudex non calculat 57

Zusammenfassung der Diskussion 63

Detlef Leenen
Methodenrecht 65

Bernd Rüthers
Welcher Methodenkanon sollte für die Rechtsprechung verbindlich sein? 81

Zusammenfassung der Diskussion 91

Lena Kunz
Wertungsjurisprudenz und objektive Zurechnung im Zivilrecht.
Der Einfluss von Karl Larenz auf die frühe Rechtsprechung des BGH . 101

Zusammenfassung der Diskussion 113

Autorenverzeichnis 121

Vorwort

Der vorliegende Band geht zurück auf ein Kolloquium, welches am 24. März 2017 in Bielefeld stattfand. Der Einladung folgten erfreulich viele Kolleginnen und Kollegen, Doktoranden und Studierende. Nicht nur die Vorträge, auch die Diskussionen waren sehr anregend.

Ausgangspunkt war die Überlegung, dass die Methodenlehre zwar nach einhelliger Ansicht wichtiges juristische Handwerkszeug bereitstellt. Sie ist das wissenschaftliche Grundlagenfach mit der größten Nähe zur Praxis, also zur Rechtsanwendung. Dennoch bemüht sich die Juristenausbildung zu stark um die Vermittlung von Einzelwissen und vernachlässigt die Grundlagenfächer generell[1], und so auch die Methodenlehre. Vielleicht liegt dies daran, dass sich die Methodenlehre (zumindest scheinbar) zu sehr auf die Auslegung von Gesetzen konzentriert und zu wenig unmittelbar für die Studierenden erkennbaren Nutzen hat. Hinzu kommt im Verhältnis zwischen Wissenschaft und Praxis eine gelegentlich unterschiedliche Sichtweise, insbesondere wenn es um die Bindung der Rechtsprechung an Recht und Gesetz geht (Art. 20 GG). Auch methodische Überlegungen, die im Zusammenhang mit der Europäisierung des Rechts angestellt werden, erreichen die Praxis – insbesondere den EuGH – und die Ausbildung nur teilweise. Sollte sich die Vorhersage *Savignys* bewahrheitet haben, dass wenn nicht „jeder Theoretiker den praktischen, jeder Praktiker den theoretischen Sinn in sich erhalte und entwickle“, die unvermeidliche Gefahr entstehe, „daß die Theorie zu einem leeren Spiel, die Praxis zu einem bloßen Handwerk herabsinke“[2]?

Im Zentrum des Kolloquiums stand die Frage, was Methodenlehre heute eigentlich ist. Mehr handwerkliches Hilfsmittel oder (noch) echte Wissenschaft? Und welchen Einfluss hat letztere ggf. auf die Praxis, insbesondere auf die Gerichte? Diese Selbstvergewisserung der Methodenlehre ist wichtig, um die anstehenden Themen, u.a. des europäischen Rechts, angehen zu können. Ziel der Veranstaltung war es, über Generationen, Fächergrenzen und Schulen hinaus dazu ins Gespräch zu kommen. Die wunderbaren Diskussionen, an denen sich – neben den Referenten – nicht nur die Kolleginnen und Kollegen aus Berlin,

---

[1] Vgl. dazu Wissenschaftsrat, Perspektiven der Rechtswissenschaft in Deutschland. Situation, Analysen, Empfehlungen (2012) Drs. 2258-12, insb. S. 7 f., 32, 35 ff., 56 ff.

[2] *F. C. v. Savigny*, System I (1840), Vorrede S. XX.

Bielefeld, Bochum, Bonn, Greifswald, Jena und Saarbrücken, sondern ebenso Doktoranden, Postdocs und Studierende von vielen Fakultäten, sowie auch einige Praktiker, mutig und neugierig, beteiligten, dürften bestätigen, dass dies gelungen ist.

Hiermit werden also die Referate vorgelegt in der Reihenfolge, in der sie vorgetragen wurden, teils weitgehend in der aufgezeichneten Fassung, teils überarbeitet, sowie ergänzt um die jeweils folgende, ebenfalls mitgeschnittene und von mir zusammengefasste Diskussion. Der Vortrag von *Prof. Dr. Karl Riesenhuber*, Rechtsvergleichung als Methode der Rechtsfindung? ist als separate Publikation in der AcP 218 (2018) S. 693–723 in stark erweiterter Fassung erschienen.

Allen Referenten bin ich zu großem Dank verpflichtet, dass sie so sehr spontan zugesagt haben und nach Bielefeld gekommen sind!

Für die finanzielle Unterstützung danke ich der Fakultät für Rechtswissenschaft der Universität Bielefeld und der Juristischen Gesellschaft OWL e.V. Meinen Mitarbeitern – ganz besonders Christoph Lachner und Marco Birkholz – danke ich für ihr überobligatorisches Engagement. Auch allen Teilnehmerinnen und Teilnehmern gilt mein Dank, da sie alle durch ihr Interesse ebenfalls zum Gelingen der Veranstaltung beigetragen haben.

Wegen der erfreulichen Resonanz auf den ersten Versuch und wegen des geäußerten Wunsches danach, wird es am 22. März 2019 ein zweites Kolloquium zur Methodenlehre in Bielefeld geben.

Bielefeld, im Herbst 2018 *Susanne Hähnchen*

Begrüßung durch den Dekan der Fakultät für Rechtswissenschaft Bielefeld

Meine sehr geehrten Damen und Herren, liebe Kolleginnen und Kollegen,

ganz herzlich willkommen zum Kolloquium „Methodenlehre zwischen Wissenschaft und Handwerk", eine Veranstaltung, die Susanne Hähnchen mit ihrem Team dankenswerter Weise neben ihren üblichen Aufgaben – das sind bei uns im Moment an der Fakultät ziemlich viele – vorbereitet, geplant und organisiert hat.

Der Titel des Kolloquiums „zwischen Wissenschaft und Handwerk" zeigt eigentlich schon, dass Methodenlehre auch Handwerk ist. Meine Befürchtung dabei ist, dass wir Professorinnen und Professoren dieses handwerkliche Können vielleicht gar nicht mehr so gut vermitteln, sondern uns selbst und unsere Studierenden in allzu vielen Details verlieren, so dass hinterher Viele den Wald vor lauter Bäumen nicht mehr sehen, eine Entwicklung, der durch die geplante länderübergreifende Reformvereinheitlichung der Juristenausbildung jedenfalls nicht entschieden entgegengewirkt wird. Dabei ist das Handwerk – das darf ich als Strafrechtler vielleicht sagen, weil das Strafrecht sich in besonderer Weise dem Wortlaut einer Norm verpflichtet fühlt – doch oft gar nicht so schwer. Und trotzdem klappt es nicht.

Ich habe ein Beispiel zur Verdeutlichung: eine Klausur, die ich für das erste Staatsexamen gestellt hatte, eine Aufgabe in der die Brandstiftungsdelikte eine Rolle spielten. Brandstiftungsdelikte stehen in der juristischen Ausbildung mit Sicherheit nicht im Mittelpunkt, irgendwelches Detailwissen oder die dazugehörigen BGH-Entscheidungen wurden natürlich nicht erwartet, sondern nur die Anwendung allgemeiner Grundsätze.

Im Sachverhalt wurde ziemlich genau geschildert, welche Gegenstände in einem Arbeitszimmer eines sonst Wohnzwecken dienenden Gebäudes (das war das eigentliche Problem) brannten. Der Schreibtisch brannte, der Papierkorb brannte, Bücher und eine Jacke, die auf dem Schreibtisch lagen, brannten und es wurde geschildert, dass das Feuer alsbald von selbst erstickte, der Raum aber trotzdem wegen der Rauchentwicklung völlig verrußt und unbenutzbar war. Wenn man in das Gesetz schaut, ist eines klar, ohne dass man irgendein Jurastudium absolviert haben müsste. Wenn nur mit einem Gebäude nicht fest verbundene Gegenstände in Flammen stehen, brennt eines sicher nicht: das Gebäude selbst. Trotzdem bejahten mehr als die Hälfte der Bearbeiter ohne irgendein Problembewusstsein das „Inbrandsetzen eines Gebäudes". Dass die zweite Alternative des Tatbestands, ein Teil eines Gebäudes wird durch eine Brandlegung zerstört, einschlägig war, wurde nicht gesehen. Warum? Ich muss zugeben: Es ist mir völlig schleierhaft.

Ein anderes Beispiel, das diesmal aber nicht Studierende betrifft: Ich war Anfang des Jahres mehr oder weniger durch Zufall mit der Bußgeldandrohung für den Gebrauch eines Smartphones am Steuer eines Fahrzeugs, mit der geplanten Neufassung der Vorschrift, beschäftigt. Straßenverkehrsrecht ist weder mein Spezialgebiet, noch interessiert es mich sonderlich. Was tut man also, um einen Überblick über die Rechtsprechung und Literatur zu erhalten? Man gibt den entsprechenden Suchbegriff bei beck-online ein und wird dann ganz schnell fündig.

Das OLG Stuttgart ist in einer ziemlich neuen Entscheidung der Meinung, dass derjenige, der ein Smartphone während der Fahrt zwar in der Hand hält und benutzt, den entsprechenden Tatbestand dann nicht erfüllt, wenn er das Telefon zur Benutzung gar nicht in die Hand hätte nehmen müssen, weil er nämlich eine Freischalteinrichtung hatte. Im entsprechenden Verbotstatbestand heißt es, dass ein Mobiltelefon nicht benutzt werden darf, wenn es dazu aufgenommen oder gehalten werden muss. In der Verordnung steht nicht: wenn es dazu aufgenommen wird. Das ist zwar ein recht unsinniges Ergebnis. Wegen der Wortlautbindung des Straf- und Ordnungswidrigkeitenrechts aber durchaus das einleuchtende Ergebnis, welches das OLG erzielt hat. In der geplanten Neufassung dieser Regelung wurde wenig später die genannte Formulierung vom Verkehrsministerium ohne jegliches Problembewusstsein trotzdem wieder übernommen. Auch hier ist das Problem des Wortlauts doch offensichtlich und diejenigen, die einen Gesetzentwurf fertigen, müssten doch zuvor die einschlägige Rechtsprechung studiert haben.

Es sind also nicht nur die Studierenden, sondern auch andere, ja durchaus hochkarätige Juristinnen und Juristen, die etwas eigentlich Offensichtliches nicht erkennen.

Ich komme zum Schluss, denn Letzteres macht mir wieder etwas Mut. Vielleicht ist es ja gar nicht das fehlende handwerkliche Grundwissen, sondern wir alle sehen manchmal den Wald vor lauter Bäumen nicht oder haben ein Brett vor dem Kopf. Das ist natürlich genau das, was ich Ihnen für die heutige Tagung nicht wünsche, sondern genau das Gegenteil: spannende Vorträge, spannende Diskussionen und viel Erfolg. Ich danke Ihnen.

Andreas Ransiek

Grotius über Mathematik und Moral

Zur Abhängigkeit der (Rechts-)Wissenschaft von der Aristotelischen Logik

Gerhard Otte

Mir wurden 25 Minuten Zeit gegeben für ein Thema, das ich eigentlich nur in 10 Minuten oder in mehr als 10 Stunden behandeln kann. 10 Minuten, weil ich es für ganz einfach halte. Mehr als 10 Stunden, weil die theoretischen und praktischen Zusammenhänge, die historischen und die sprachlichen Aspekte so vielfältig sind, dass ich eher die Zuhörer erschöpfen als den Stoff ausschöpfen könnte.

I.

Ich knüpfe an einen Text von *Hugo Grotius* an, in dem es um die unterschiedliche Sicherheit mathematischer und moralischer Erkenntnis geht[1]. *Grotius* behandelt in seiner Lehre vom „gerechten Krieg" *(bellum iustum)* die Frage, wie man sich verhalten soll, wenn Zweifel an der Rechtfertigung der Kriegsführung bestehen. Die Überschrift des Kapitels lautet *„De causis dubiis"* („Über Zweifelsfälle"):

[1] *Hugo Grotius*, De iure belli ac pacis libri tres (1625); ich benutze die Ausgabe Leiden 1939; die deutsche Übersetzung der Stelle ist meine eigene, weil die bisherigen Übersetzungen weder inhaltlich noch sprachlich zufrieden stellen.

I. Dubitandi causae in moralibus unde.

Verissimum est quod scripsit Aristoteles[a], in moralibus non aeque, ut in mathematicis disciplinis certitudinem inveniri: quod eo evenit, quia mathematicae disciplinae a materia omni formas separant, et quia formae ipsae tales plerumque sunt, ut nihil habeant interiectum[b], sicut inter rectum et curvum nihil est medii. At in moralibus circumstantiae etiam minimae variant materiam, et formae de quibus agitur solent habere interiectum aliquid, ea latitudine, ut modo ad hoc, modo ad illum extremum propius accedatur. Ita enim inter id quod fieri oportet, et inter id quod fieri nefas est, medium est quod licet, sed modo huic, modo illi parti propinquius: unde ambiguitas saepe incidit, ut in crepusculo, aut in aqua frigida calescente. Et hoc est quod ait Aristoteles[c], ἔστι χαλεπόν ἐνίοτε τὸ κρίνειν ποῖον ἀντὶ ποίου αἱρετέον, *quid cui anteponendum sit difficilis saepe est iudicatio.*

[a] I. Eth. Nic. 1.

[b] in his mutatio fit εἰς τὸ ἀντικείμενον, in aliis εἰς τὸ μεταξύ.

[c] III Nicom.

I. Woher die Ursachen für Zweifel in moralischen Fragen kommen.

Sehr wahr ist, was Aristoteles[a] geschrieben hat, dass in moralischen Fragen nicht gleichermaßen wie in den Fächern der Mathematik Sicherheit zu finden ist. Das liegt daran, dass die mathematischen Fächer die Begriffe von den Gegenständen abstrahieren und dass ihre Begriffe meist von der Art sind, dass sie nichts Dazwischenliegendes[b] zulassen, wie es ja zwischen dem Geraden und dem Gekrümmten kein Mittelding gibt. Aber in moralischen Fragen verändern auch kleinste Umstände den Gegenstand, und die Begriffe, um die es geht, lassen gewöhnlich Dazwischenliegendes zu, das eine gewisse Ausdehnung hat, so dass man bald diesem, bald jenem Endpunkt näher kommt. So gibt es ja zwischen dem, was man tun muss, und dem, was zu tun Unrecht ist, ein Mittleres, das Erlaubte, das aber bald dieser, und bald jener Seite näher steht. Daher stellt sich oft ein Zweifel ein, wie bei der Dämmerung oder beim kalten Wasser, das man erhitzt. Und genau das sagt Aristoteles[c]: „Es ist oft schwer zu entscheiden, was wem vorzuziehen ist."

[a] Nikomachische Ethik I 1.

[b] Bei diesen führt eine Veränderung zum Entgegengesetzten, bei den anderen zum Dazwischenliegenden.

[c] Nikomachische Ethik III 1.

Diese Sätze haben in der juristischen Methodenlehre bisher keine Beachtung gefunden. *Grotius* gilt nicht als bedeutender Logiker. Zur Weiterentwicklung der juristischen Methodenlehre hat er nicht beigetragen. Warum dann die Befassung mit diesem Text? Weil sich an ihm gut zeigen lässt, wo die Defizite einer Methodenlehre liegen, die von der Logik des *Aristoteles* ausgeht – was sollte sie auch anders tun, da es doch keine Alternative gibt –, aber sich deren Begrenztheit nicht bewusst macht.

Der Text enthält zwei Gedanken. Der erste besagt, dass Werturteile nicht stets mit mathematischer Sicherheit getroffen werden können. Der zweite versucht dafür eine Erklärung zu geben: Das „Dazwischenliegende" soll der Grund der Unsicherheit sein, weil der Gegenstand moralischer Urteile mal dem einen und mal dem anderen Endpunkt einer Skala näher steht.

Was ist mit dem „Dazwischenliegenden" gemeint? Die von *Grotius* angeführten Stellen der Nikomachischen Ethik[2] erklären es nicht, denn sie setzen die Lehre von den Gegensätzen, die *Aristoteles* im 10. Kapitel der Kategorien[3] entwickelt hat, als bekannt voraus. Was *konträr* entgegengesetzt ist – Beispiel: Tag und Nacht –, hat ein Dazwischenliegendes, nämlich die Dämmerung. Was *kontradiktorisch* entgegengesetzt ist – Beispiel: gerade und gekrümmte Linien – hat kein Dazwischenliegendes. Was zwischen konträr Entgegengesetztem liegt, nimmt meist eine gewisse Bandbreite ein. Wo genau in dieser Bandbreite die zu beurteilende Situation liegt – näher bei dem einen oder bei dem anderen Endpunkt der Skala –, mag nicht immer leicht zu erkennen sein, ist für die zu treffende Entscheidung oder Feststellung aber alles andere als unerheblich. So jedenfalls *Grotius* und so schon *Aristoteles.*

Die Lehre von den Gegensätzen ist Bestandteil der Begriffslehre. Aus *Begriffen* allein folgt aber nichts. Jede Begründung, die sich auf Begriffe bezieht, besteht aus *Sätzen,* die die Relevanz des Begriffs für die Beurteilung des Gegenstandes behaupten. Man darf daher nicht bei der Begriffslehre stehen bleiben, sondern muss über die Lehre vom Urteil (nicht im juristischen Sinne, sondern im logischen) zur Lehre von den Begründungen kommen, die – das sei an dieser Stelle schon gesagt – sich keineswegs auf die Lehre von den *zwingenden* Folgerungen im Sinne der Syllogistik beschränken muss.

Die Aristotelische Urteilslehre behandelt Aussagesätze, die einem Subjekt ein Prädikat zu- oder absprechen.[4] Es sind sehr einfache Sätze, die nur aus Subjekt und Prädikat bestehen. Standardbeispiel: „Alle Menschen sind sterblich". Die auf dieser Urteilslehre aufbauende Syllogistik des *Aristoteles*[5] verwendet ausschließlich solche Sätze. So erfahren wir dann: „Alle Griechen sind Menschen" und folglich: „Alle Griechen sind sterblich", oder auch: „Sokrates ist ein Mensch" und folglich: „Sokrates ist sterblich".

Ich wäre der Letzte, der den Wert dieser Syllogistik in Frage stellen würde, beruht doch auf ihr jegliche Subsumtion, und wer nicht subsumieren kann, kann kein Jurist sein, sollte es jedenfalls nicht werden können. Aber andererseits ist klar, dass wir mit derart einfachen Sätzen nicht auskommen, weder im Leben, noch in der Wissenschaft.

Hat die Beschränkung der Aristotelischen Logik auf solch einfache Aussagesätze Folgen? In mehrfacher Hinsicht wird diese Logik als unzulänglich angesehen, nicht weil sie falsch wäre, sondern wegen ihres beschränkten Anwendungsbereichs. Neben einer Logik der Aussagesätze wird eine deontische oder *Normlogik* für notwendig gehalten. Neben einer *zweiwertigen* Logik, die da-

---

2 *Aristoteles,* Nikomachische Ethik I 1 (1004b) und III 1 (1110a); ich zitiere Aristoteles' Werke nach der Scriptorum Classicorum Bibliotheca Oxoniensis.

3 *Aristoteles,* Kategorien X (11b ff.).

4 *Aristoteles,* Hermeneutik V (17a); ebenso Erste Analytik I 1 (24a 16ff.).

5 *Aristoteles,* Erste Analytik I 1 (24b 18ff.).

von ausgeht, dass jede Aussage nur entweder wahr oder falsch sein kann, wird eine *mehrwertige* Logik für möglich und nützlich gehalten. Ich gehe auf solche Ideen hier nicht ein, weil ich nicht sehe, welchen Gewinn sie für die wirkliche juristische Arbeit gebracht hätten oder künftig noch bringen könnten.

Anders verhält es sich mit der Beschränkung der Logik auf sogenannte *klassifizierende* Sätze. Das sind Sätze, die dem Subjekt das Prädikat entweder schlechthin zu- oder schlechthin absprechen. Sie ordnen das Subjekt in die Klasse der Gegenstände ein, auf die das Prädikat zutrifft bzw. nicht zutrifft.

Sie bringen aber nicht zum Ausdruck, dass Merkmale des Subjekts oder des Prädikats unterschiedlich stark ausgeprägt sein können und dass dies für das Zutreffen oder den Inhalt des Prädikats relevant sein kann. Ein Mehr oder Weniger ist für eine sich auf klassifizierende Sätze beschränkende Logik irrelevant.

II.

Sätze, die ausdrücken, dass ein Mehr oder Weniger für die Begründung einer Behauptung oder einer Entscheidung Bedeutung hat, sind *komparative* Sätze. Eine kurze schematische Darstellung der Möglichkeiten komparativer Sätze[6] könnte wie folgt aussehen:

(1) „je mehr a, desto mehr b“
(2) „je mehr a, desto eher b“
(3) „wenn a, dann mehr b, als wenn nicht-a“
(4) „wenn a, dann eher b, als wenn nicht-a“

Erläuterung: (1) und (2) setzen ein abstufbares Merkmal des Subjekts, (1) und (3) ein abstufbares Merkmal des Prädikats voraus; „eher“ in (2) und (4) bedeutet nicht „früher“, sondern „wahrscheinlicher“ bzw., wenn es nicht um die Feststellung einer Tatsache, sondern um die Vorzugswürdigkeit einer Handlungsalternative geht, „näher liegend“.

Anwendungsbeispiele kann jeder mit Leichtigkeit bilden.[7] Unschwer wird er dabei erkennen, dass es vielfältige sprachliche Möglichkeiten gibt, die Relevanz des Mehr oder Weniger auszudrücken, ohne dabei die in meiner schematischen Darstellung gebrauchten Worte „je“, „desto“, „mehr“, „eher“, „wenn“ oder „dann“ zu benutzen.

---

[6] Ausführlicher *Otte*, Komparative Sätze im Recht. Zur Logik eines beweglichen Systems, in: Jahrbuch für Rechtssoziologie und Rechtstheorie 2 (1972), 301–320.

[7] Reichliches Anschauungsmaterial enthält das Beispiel einer Entscheidungssituation im Text auf S. 68.

Dass *Aristoteles* in seiner Logik komparative Sätze nicht berücksichtigte, obwohl er über konträre Gegensätze schrieb und daher Anlass genug gehabt hätte, in der Urteilslehre auf solche Sätze hinzuweisen, liegt an der Zielsetzung seiner Logik. Sie sollte keine umfassende Begründungslehre sein, sondern die Regeln des in den athenischen Philosophenschulen praktizierten Streitgesprächs systematisieren und analysieren.[8] Diesem Zweck dienten sowohl sein in der Topik unternommener Versuch, eine Ordnung aller in solchen Streitgesprächen möglichen Argumente zu schaffen, als auch die in der Ersten Analytik entwickelte Lehre von den kategorischen Syllogismen, die die Möglichkeiten, aus klassifizierenden Sätzen zwingende Folgerungen zu ziehen, ein für alle Mal abschließend geklärt hat. Komparative Sätze reichten in diesen Diskussionen nicht zur Verteidigung oder Widerlegung einer These aus.

Erst 2300 Jahre nach *Aristoteles* hat die Wissenschaftstheorie begonnen, sich explizit mit komparativen Sätzen zu befassen. Den Anstoß gab das 1936 erschienene Buch „Der Typusbegriff im Lichte der neuen Logik“[9], das seine aus Deutschland emigrierten Verfasser, der Psychologe *Carl Gustav Hempel* und der Mathematiker *Paul Oppenheim*, nur im Ausland erscheinen lassen konnten und das daher in Deutschland erst verspätet und in der Rechtswissenschaft auch dann noch kaum angemessen zur Kenntnis genommen worden ist.[10] Das heißt natürlich nicht, dass bis dahin Behauptungen oder Entscheidungen nicht mittels komparativer Sätze begründet worden wären, sondern nur, dass keine Theorie solche Begründungen zum Thema gemacht hat. Daher findet man in Wörterbüchern des Lateinischen, das ja bis ins 18. Jahrhundert hinein die Sprache der Wissenschaft war, keinen Terminus, der die Bedeutung von „Wertung“ oder „Abwägung“ hätte, also das bezeichnen würde, was bei Begründungen,

---

[8] Vorzüglich hierzu *Ernst Kapp*, Greek Foundations of Traditional Logic (New York 1942); deutsch: Der Ursprung der Logik bei den Griechen (Göttingen 1965). – Dass *Theodor Viehweg* in „Topik und Jurisprudenz“ (1953, [5. Aufl. 1974]) die Ergebnisse *Kapps* und der von *Kapp* ausgewerteten älteren philosophiegeschichtlichen Forschung nicht berücksichtigt und daher ein unzutreffendes Bild von der Aristotelischen Topik gezeichnet hat, habe ich 2006 in meinem Vortrag auf dem Rechtshistorikertag in Halle 2006 gezeigt (*Otte*, Die historische Topik und ihre Rezeption durch Theodor Viehweg, in: Akten des 36. Deutschen Rechtshistorikertages, Baden-Baden 2008, S. 427 ff.).

[9] *C. G. Hempel* und *P. Oppenheim*, Der Typusbegriff im Lichte der neuen Logik (Leiden 1936).

[10] Die juristische Literatur, die zutreffend die Abstufbarkeit von Begriffsmerkmalen als Unterscheidungskriterium zwischen komparativen *Begriffen* (Typus- oder Ordnungsbegriffen) und klassifizierenden Begriffen bezeichnet und sich dafür auf Hempel/Oppenheim beruft, bleibt meistens auf halbem Weg stehen, weil sie nicht sagt, dass dies rechtlich nur relevant sein kann, soweit komparative *Rechtsnormen* das Ausmaß oder den Eintritt einer Rechtsfolge vom Grad der Ausprägung bzw. der Wahrscheinlichkeit der Erfüllung eines Tatbestandsmerkmals durch den zu beurteilenden Sachverhalt abhängen lassen. Stellvertretend für viele sei hier *Larenz'* Lehre vom Typus [Methodenlehre der Rechtswissenschaft, 1. Aufl. 1960, Kap. 5.2, S. 333 ff., dazu die berechtigte Kritik von *Kuhlen*, Typuskonzeptionen in der Rechtstheorie (1977) S. 87 ff.] genannt.

die sich auf komparative Sätze stützen, notwendigerweise geschieht. *Jan Schröder*, der wohl beste Kenner der Geschichte der juristischen Methode in der Neuzeit, hat festgestellt, dass in der juristischen Methodenlehre von „Werturteilen" oder „Wertungen" erst seit dem Ende des 19. und von „Abwägung" erst seit Anfang des 20. Jahrhunderts die Rede ist.[11] Zuvor ließ die Theorie die Praxis im Zustand einer gewissen Sprachlosigkeit. Sehr deutlich wird das an *Savignys* Darlegung der Grundsätze seiner Auslegungslehre im „System", die sich keiner fachsprachlichen Terminologie (heute hätte *Savigny* wohl von einem „beweglichen System" und von „Abwägung" gesprochen), sondern der Umgangssprache bedient[12]:

„Mit diesen vier Elementen [*gemeint ist die Berücksichtigung der Grammatik, der Entstehungsgeschichte, des Systems und des Grundes des Gesetzes*] ist die Einsicht in den Inhalt des Gesetzes vollendet. Es sind also nicht vier Arten der Auslegung, unter denen man nach Geschmack und Belieben wählen könnte, sondern es sind verschiedene Thätigkeiten, die vereinigt wirken müssen, wenn die Auslegung gelingen soll. Nur wird freylich bald die eine, bald die andere wichtiger seyn und sichtbar hervortreten, so daß nur die stete Richtung der Aufmerksamkeit nach allen diesen Seiten unerläßlich ist. ...

Diese [*gemeint sind die grammatische und die logische Auslegung*] werden [*Savigny meint, von Thibaut und anderen Vertretern der seinerzeit herrschenden Ansicht*] nicht gedacht als Elemente jeder Auslegung, die überall zusammen wirken müssen, nur so, daß nach Umstanden bald das eine, bald das andere Elemente ergiebiger werden kann, sondern vielmehr als entgegengesetzt und einander ausschließend."

Versteht man unter Logik nur eine Lehre von den zwingenden Begründungen, gehören komparative Sätze nicht in ihr Blickfeld. Eine Erweiterung des Logikbegriffs würde das ändern, indem man Logik als umfassende Lehre von der mittelbaren Erkenntnis versteht, deren wichtigster Teil zwar die Lehre von der Möglichkeit zwingender Begründungen ist, die aber auch die Voraussetzungen dieser Möglichkeit thematisieren muss und dann konsequent auch die Leistungsfähigkeit nicht-zwingender Begründungen. Zweifellos gibt es Begründungen, die ein Ergebnis nicht erzwingen, aber nahelegen, die also *für* dieses Ergebnis sprechen und es, wie wir als Juristen sagen würden, jedenfalls *vertretbar* erscheinen lassen.

Wer davon noch nicht überzeugt ist, könnte es sich anhand des folgenden Beispiels einer einigermaßen komplexen Entscheidungssituation klar machen:

Studentin M überlegt, ob sie heute (Freitag) ins Kino gehen soll. Es läuft zum ersten Mal der Film „ok" des berühmten Regisseurs K.O. Über den Film wird viel geredet, und M möchte mitreden können. Die früheren Filme von K.O. haben M immer gefallen. Au-

---

[11] *J. Schröder*, Recht als Wissenschaft (2. Aufl. 2012) S. 283 ff. („Werturteile") und S. 366 f. („Abwägung").

[12] *Savigny*, System des heutigen römischen Rechts, Bd. I (1840) § 33, S. 215, und § 50, S. 320; dazu Otte, Zu A.F.J. Thibaut's „Theorie der logischen Auslegung des römischen Rechts" in: Theorie der Interpretation vom Humanismus bis zur Romantik – Rechtswissenschaft, Philosophie, Theologie (hrsg. von J. Schröder, Stuttgart 2001), S. 191–201.

ßerdem würde ihr Freund mitgehen. Andererseits: Montag wird eine wichtige Klausur geschrieben, und M fühlt sich noch nicht gut vorbereitet. Außerdem hat sie in diesem Monat schon viel Geld für Winterkleidung ausgegeben und meint, dass sie jetzt sparen soll. M muss sich entscheiden. Wie wird die Entscheidung ausfallen? Wenn sie uns ihre Gründe mitteilt, was halten wir dann von ihrer Entscheidung?

Die Obersätze, auf die sich die Entscheidung stützt, werden keine klassifizierenden Sätze (etwa „Ich gehe mit meinem Freund in *jeden* Film“ oder „In der Woche vor einer Klausur gehe ich *nie* ins Kino“), sondern samt und sonders komparative Sätze sein. Sie erzwingen aber nicht ein bestimmtes Ergebnis. M muss das Gewicht der Gründe, die für bzw. gegen den Kinobesuch sprechen, bewerten und gegeneinander abwägen. Dann würden wir – wie auch immer ihre Entscheidung ausfallen mag und unabhängig davon, wie ein jeder von uns in einer solchen Situation entscheiden würde, – wohl zugeben, dass wir sie verstehen (und nicht sagen: „Wie kann man nur so unvernünftig sein ....“). Mit anderen Worten: Wir würden die Entscheidung für *vertretbar* halten.

III.

Die Parallele zu rechtlichen Entscheidungssituationen liegt auf der Hand: Keine Rechtsordnung programmiert die Rechtsanwendung stets vollständig. Das ist unbestreitbar, wenn es auch nicht immer unbestritten war. Daraus folgt, dass die in der Rechtstheorie übliche Beschreibung der Rechtsnorm als klassifizierender Satz, der den Sachverhalten, die den Tatbestand der Norm erfüllen, die in der Norm angeordnete Rechtsfolge zuspricht, zu eng ist. Normen wie beispielsweise der § 254 BGB oder der die Strafzumessung regelnde § 46 StGB klassifizieren nicht. Infolgedessen ergibt sich aus ihnen die Rechtsfolge auch nicht durch Subsumtion.

Wer eine der Norm entsprechende Entscheidung treffen will, muss etwas hinzufügen, was in der Norm noch nicht enthalten ist, nämlich die Festsetzung der Rechtsfolge für Fälle, die dem konkret zu beurteilenden Fall entsprechen. Die Norm gibt dafür nur die Richtung an: Je größer der Anteil des Geschädigten an der Schadensverursachung, desto größer der von ihm selbst zu tragende, also nicht vom Schädiger zu ersetzende Anteil am Schaden.

Dieses Beispiel darf aber nicht zur Annahme verleiten, komparative Sätze spielten nur für Entscheidungen über das Ausmaß von Rechtsfolgen (Strafmaß, Höhe einer Geldforderung, Länge einer Frist usw.) eine Rolle. Erwägungen, deren logischer Gehalt nur durch komparative Sätze zum Ausdruck gebracht werden kann, haben Bedeutung für Entscheidungen nicht nur über das Ausmaß, sondern auch über den Eintritt der Rechtsfolge. Sie können in jeder Phase der Rechtsanwendung anzustellen sein.

Das fängt bei der Ermittlung der relevanten Tatsachen an, wenn die Aussagekraft von Indizien zu beurteilen ist oder widersprechende Zeugenaussagen zu würdigen sind, gilt aber ebenso für die Präzisierung der in Rechtsnormen vorkommenden unbestimmten Begriffe. § 17 StVO, der bei Dunkelheit die Einschaltung der Beleuchtung vorschreibt, sagt ja nicht, wie dunkel es sein muss, damit die Pflicht, nur mit eingeschalteter Beleuchtung zu fahren, einsetzt. Dem Gesetz selbst ist nur die Selbstverständlichkeit zu entnehmen, dass die Einschaltung der Beleuchtung umso dringlicher ist, je dunkler es ist. Der Schritt von einem unbestimmten Begriff zur Feststellung, dass der Begriff im konkreten Fall erfüllt ist, verlangt eine Wertung. Ebenso der Schritt von der Norm, die eine abstufbare Rechtsfolge vorsieht, zur Festlegung des bestimmten Ausmaßes dieser Folge.

Der Rechtsanwender muss bestimmen, welches Gewicht das, was ihm die Rechtsnorm zu berücksichtigen aufgibt, im zu beurteilenden Fall hat. Er muss dieses Gewicht auch dann bestimmen, wenn es ein Maß für die Messung des Gewichtes nicht gibt oder ihm jedenfalls im Moment der Entscheidung nicht zur Verfügung steht.[13] Ist Mehreres, das nicht in dieselbe Richtung weist, zu berücksichtigen, muss eine Abwägung stattfinden.

Wertung und Abwägung mögen als etwas Subjektives, etwas nur Gefühlsmäßiges oder Voluntatives bezeichnet werden. Wenn das nicht abwertend gemeint ist, wird man dagegen nichts einwenden müssen. Bedenklich ist aber schon die Bezeichnung als „irrational“. Wer keinen Raum für Wertungen des Rechtsanwenders zulassen will, müsste alles, was nicht schon der Gesetzgeber abschließend gewertet und gegebenenfalls abgewogen hat, für *a priori* irrelevant erklären. Darin kann ich keinen Rationalitätsgewinn sehen, sondern nur das Gegenteil.

Abwägung ist auch bei der Auslegung von Rechtsnormen geboten. Die oben zitierten Sätze *Savignys* sagen, wenn auch in anderer Terminologie, genau das. Weil das Gesetz sich nicht selbst auslegt, muss der Normanwender es tun. Sprechen nicht alle für die Auslegung der Norm in Betracht kommenden Kriterien für das gleiche Ergebnis, muss er danach entscheiden, was ihm gewichtiger erscheint. Vielleicht steht er dann mit seiner Entscheidung allein da, weil die anderen anders gewichten würden. Das ist, weil unvermeidlich, hinzunehmen. Eine Entscheidung, die nicht auf Wertung beruht, wäre eine blinde Entscheidung und nicht besser als die „Findung“ des Ergebnisses durch Würfeln.

[13] *Hassemer*, Tatbestand und Typus (1968) S. 121 ff., übersieht die Notwendigkeit der Unterscheidung von komparativen und metrischen Begriffen, wenn er meint, *Hempel* und *Oppenheim* hätten versucht, Typusbegriffe „einer Metrik zu unterwerfen“. Die beiden Autoren haben keinen Zweifel daran gelassen, dass Typusbegriffe gerade da hilfreich und notwendig sind, wo eine angemessene Metrisierung (heute würde man sagen „Digitalisierung“) des Abstufbaren nicht zur Verfügung steht; zu *Hassemer* kritisch *Kuhlen* (Fn. 10) S. 55 f.

Wertungen sind keine Sache der Beliebigkeit. Zu entscheiden, *was* zu bewerten ist und *in welcher Richtung* sich größeres oder geringeres Gewicht des zu Bewertenden auswirkt, steht dem Rechtsanwender keineswegs frei, sondern folgt aus Vorgaben der anzuwendenden Norm oder der Gesamtrechtsordnung. Wertungen, die das nicht berücksichtigen, sind *Fehlwertungen*. Davon, dass sie als solche zu erkennen sind, geht die obergerichtliche Rechtsprechung sowohl bei der Strafzumessung wie auch bei der verwaltungsgerichtlichen Ermessenskontrolle aus. Daher ist eine Lehre von den Auslegungsfehlern, die sich ähnlicher Kategorien bedient wie die verwaltungsrechtliche Lehre von den Ermessensfehlern, ohne weiteres möglich.

Abwägung ist auch geboten, wenn die Vereinbarkeit einer Rechtsnorm oder ihrer Auslegung mit höherrangigem Recht zu prüfen ist. Die Frage nach dem Vorliegen eines Verfassungsverstoßes kann oft nur aufgrund der Abwägung unterschiedlicher Argumente beantwortet werden. Seit einiger Zeit gibt es eine breite Diskussion über die Rechtsprechung des Bundesverfassungsgerichts, die, wenn zu beurteilen ist, ob ein Grundrecht durch Eingriff in ein anderes Grundrecht geschützt werden darf oder muss, kaum eine Möglichkeit auslässt, Abwägung als entscheidenden methodischen Schritt zu verlangen oder selbst zu praktizieren.[14] Mir als Erbrechtler liegt natürlich der Hinweis auf die Entscheidungen des BVerfG nahe, die in Aufsehen erregenden Erbfällen[15] einen Konflikt zwischen der Testierfreiheit des Erblassers und der Eheschließungsfreiheit des möglichen Erben angenommen haben, der nach Ansicht des BVerfG in dem einen Fall auf Grund einer nachvollziehbaren Abwägung durch das letztinstanzliche Gericht gelöst worden ist, in dem anderen Fall aber erst noch durch eine solche Abwägung zu lösen sei. Dass diese Art der Rechtsprechung Anlass zur Kritik bieten kann, ist selbstverständlich. Wer sie aber grundsätzlich ablehnt, muss sich sagen lassen, dass er keine Lösung für Fälle anbietet, in denen die Wahrnehmung *eines* Grundrechts nur durch Beschränkung der Ausübung eines *anderen* Grundrechts zu schützen ist. Die einzelnen Grundrechtsartikel sind keine klassifizierenden Sätze, die schlechthin alles verbieten, was die Ausübung des jeweiligen Rechts beeinträchtigt. Das würde ja nur zu Lasten des jeweils anderen Rechts gehen, das gänzlich ungeschützt bliebe. In Konfliktfällen muss daher ein Kompromiss gefunden werden. Damit nähere ich mich dem Anliegen der auf *Ronald Dworkin* zurückgehenden, von *Robert Alexy* und seinen Schülern vertretenen Prinzipienlehre. Die voranschreitende Zeit zwingt mich aber, von Äußerungen dazu jetzt abzusehen.

---

[14] Aus der umfangreichen Literatur zu dieser Kontroverse erwähne ich nur den Aufsatz von *Joachim Rückert*, JZ 2011, 913ff., mit dem bezeichnenden Titel „Abwägung – die juristische Karriere eines unjuristischen Begriffs – Normenstrenge und Abwägung im Funktionswandel".

[15] BVerfG FamRZ 2000, 945 („Leiningen"); NJW 2004, 2008ff. („Hohenzollern").

Selbstverständlich ist Kritik an der verbreiteten Abwägungspraxis möglich. Zulassung von Abwägung vermindert die Vorhersehbarkeit und Gleichmäßigkeit der Rechtsanwendung. Dieser Nachteil wird nicht stets zwangsläufig durch einen Gewinn an Sachnähe der Entscheidung, also Gewinn an Einzelfallgerechtigkeit, aufgehoben. Es gibt Regelungsbereiche, die abwägungsfrei sind und bleiben sollten. Als Zivilrechtler würde ich hier sogleich an Formvorschriften, Genehmigungserfordernisse oder gesetzliche Fristen denken. Es sind unter den Anwesenden ja noch Zeitzeugen, die sich an die unselige Rechtsprechung des BGH zur Gültigkeit formloser Hofübergabeverträge[16] erinnern können.

Abwägungsverbote *a priori* durch ein Absolut-Setzen von Werten sind aber nicht minder problematisch als die unbesonnene Zulassung von Abwägung. Es wird immer wieder angedacht, Abwägung durch Aufstellung einer Rangordnung von Werten entbehrlich zu machen. Solche Rangordnungen können aber nicht leisten, was man sich von ihnen verspricht. Die Entscheidung des Konflikts zwischen zwei Werten kann nicht allein von deren Rang*höhe* abhängen, sondern muss auch das *Ausmaß* und die *Wahrscheinlichkeit* sowohl des von der Regelung zu erwartenden Nutzens für das eine Rechtsgut als auch der zu befürchtenden Beeinträchtigung des anderen Rechtsguts berücksichtigen. Wenn beispielsweise die *sichere* Vernichtung eines großen Sachwerts nur unter *Gefahr* für Leib und Leben der Rettungskräfte zu verhindern ist, kann der Hinweis darauf, dass menschliches Leben und auch menschliche Gesundheit höheren Rang haben als Vermögenswerte, nicht ausreichen, um die Entscheidung der zur Gefahrenabwehr berufenen Behörde über ihr Tätigwerden zu begründen.

Nicht anders ist die Forderung nach Anerkennung einer Rangordnung unter den für die Gesetzesauslegung maßgeblichen Kriterien[17] zu beurteilen. Es ist schon unklar, was mit dieser Forderung genau gemeint ist: Soll eine Stufenordnung unter den Kriterien angenommen werden, so dass nachrangige Kriterien nur zur Geltung kommen können, wenn die Prüfung höherrangiger Kriterien ohne jedes Ergebnis bleibt[18], oder soll nur das höherrangige Kriterium von vornherein das größere Gewicht haben? In beiden Fällen könnte die Rangordnung den Verzicht auf Abwägung nicht plausibel machen: Nähme man etwa an, *Verfassungskonformität* des Auslegungsergebnisses (nach meiner Ansicht ein besonderer und besonders wichtiger Teil der systematischen Auslegung) habe den höchsten Rang, müsste eine Norm auch dann noch als verfassungskonforme und daher gültige Norm anerkannt werden, wenn Wortlaut und Entste-

---

[16] BGHZ 12, 286ff. und 23, 249ff.; dazu zuletzt *Otte*, Die Rechtsprechung des BGH zur formlosen Hoferbenbestimmung als Fortsetzung erbhofrechtlichen Denkens, in: Wirkungen europäischer Rechtskultur (FS Karl Kroeschell, 1997), S. 615ff.

[17] Gefordert u.a. von *Canaris* in seinem Aufsatz „Das Rangverhältnis der ‚klassischen' Auslegungskriterien", in: FS für Dieter Medicus (1999), S. 25ff.

[18] Das nahm *Thibaut* an und wurde von *Savigny* kritisiert, vgl. Fn. 13.

hungsgeschichte für einen mit der geltenden Verfassung unvereinbaren Norminhalt sprechen (es gäbe dann also keine verfassungswidrigen Gesetze!). Nähme man an, die *teleologische* Auslegung habe den höchsten Rang, müsste ein *schwaches* teleologisches Argument auch dann den Ausschlag geben, wenn *starke* Argumente aus Wortlaut, Entstehungsgeschichte und/oder Stellung der Norm im Rechtssystem für die entgegengesetzte Auslegung sprechen. Eine Rangordnung so zu bilden, dass derart inakzeptable Ergebnisse ausgeschlossen sind, dürfte unmöglich sein.

IV.

Zurück zu *Grotius*: Er berief sich dafür, dass Fragen der Moral nicht immer mit derselben Sicherheit beantwortet werden können wie Fragen der Mathematik, auf eine Stelle am Anfang der Nikomachischen Ethik, wo *Aristoteles* sagt, dass die Unerreichbarkeit letzter Gewissheit und Genauigkeit kein Grund sei, von wissenschaftlicher Beschäftigung mit Fragen der Moral abzusehen. Es könne bei jedem Gegenstand nur der Grad von Sicherheit und Bestimmtheit angestrebt werden, den der Gegenstand zulässt.

Ein ganz anderes Wissenschaftsmodell ist das des Rationalismus, dessen Grundsätze niemand deutlicher und wirkungsvoller formuliert hat als *Grotius*' Zeitgenosse *René Descartes*[19]. Der Rationalismus verlangt, nur solche Sätze als wahr anzuerkennen und zur Grundlage von Folgerungen zu machen, die entweder selbst evident oder aber aus evidenten Sätzen zwingend abgeleitet sind. Mittelbare Erkenntnis soll also nur möglich sein, wenn sie in Form eines Syllogismus[20] auf bereits Erkanntes gestützt werden kann. Begründungen, die sich nicht in diese Form kleiden lassen, gelten nicht mehr als wissenschaftlich.

Die Konsequenz für die juristische Methodenlehre liegt auf der Hand: Soweit sie den Paradigmenwechsel zum Rationalismus – bewusst oder unbewusst – mitvollzogen hat, betrachtete sie und betrachtet noch heute die Rechtsordnung als eine Ordnung, in der Sätze, welche die Relevanz des „Dazwischenliegenden“ behaupten und daher Bewertung und gegebenfalls auch Abwägung eines Mehr oder Weniger verlangen, keinen Platz haben sollten. Abwägung fand und findet natürlich weiterhin statt. Das ist unvermeidlich, weil Rechtsnormen sie verlangen. Aber die Kluft zwischen Theorie und Praxis ist größer geworden. Was zuvor von der Theorie kaum behandelt und nicht ausreichend erklärt wurde, wird nun als „unwissenschaftlich“ abgewertet, denn die Theorie hat die Fi-

19 *Descartes*, Discours de la méthode pour bien conduire sa raison et chercher la verité dans les sciences, II 11, in: Descartes, Philosophische Schriften in einem Band (Hamburg 1996).

20 Hier ist an *Aristoteles*' Definition des Syllogismus in der Topik (I 1, 100a 25–27) zu erinnern: „Syllogismus ist eine Rede, in der, wenn etwas behauptet wird, etwas von dem Behaupteten Verschiedenes mit Notwendigkeit aus dem Behaupteten folgt.“

xierung der Logik des *Aristoteles* auf klassifizierende Begriffe und Sätze und auf Argumentationen in Form von Syllogismen, also die Begrenztheit dieser Logik, zum Kriterium der Wissenschaftlichkeit erhoben (was *Aristoteles* nie gewollt hat).

Auf diese Situation aufmerksam zu machen, ist das Anliegen meines Vortrags. Sie stellt die Methodenlehre vor Aufgaben, die ich abschließend thesenartig formulieren möchte:

- Klassifizierende Begriffsbildung kann unterschiedliche Grade der Ausprägung von Sachverhaltsmerkmalen nicht berücksichtigen. Die Methodenlehre muss daher bewusst machen, dass der unbestreitbare Vorteil solcher Begriffsbildung mit dem Nachteil verbunden ist, dass sie ein Mehr oder Weniger auf der Sachverhaltsebene von vornherein als irrelevant erscheinen lässt. Die Frage, ob es dabei dann bleiben soll, muss immer erlaubt sein.
- In gleicher Weise muss die Methodenlehre Versuche, Wertungen des Rechtsanwenders durch Digitalisierung (das bedeutet hier: Ersetzung komparativer durch metrische Begriffe[21]) entbehrlich zu machen, kritisch begleiten.
- Weil Rechtsnormen die Rechtsanwendung keineswegs immer vollständig programmieren, muss die Methodenlehre Normen, die eine Wertung des Rechtsanwenders verlangen, nicht nur beiläufig und erst dort, wo die Grenzen des Subsumtionsmodells nicht mehr zu verschweigen sind, sondern von Anfang an mit der gleichen Aufmerksamkeit behandeln wie Normen, aus denen sich die Rechtsfolge schon durch Subsumtion des Sachverhalts unter den Tatbestand der Norm ergibt.
- Die Methodenlehre verwendet Sätze, die eine jahrhundertealte, zum Teil bis in die griechische Rhetorik zurückreichende Tradition haben. Solche Sätze der Rechtsanwendung waren fast durchweg *Regeln*, also Sätze, die Ausnahmen zulassen. Ihr logischer Gehalt (nicht zu verwechseln mit ihrem überlieferten Wortlaut) ist der von komparativen Sätzen der Art „wenn a, dann eher b, als wenn nicht-a".[22] Daran hat der Paradigmenwechsel hin zum Rationalismus nichts geändert. Unreflektiertem Gebrauch dieser Regeln, so als seien es klassifizierende Sätze (strikte Gebote), muss die Methodenlehre nachdrücklich entgegentreten. Andererseits: Auf diese Regeln zu verzichten, weil sie „unwissenschaftlich" seien, hieße ihren vernünftigen Inhalt nicht wahrhaben und nutzen zu wollen und wäre alles andere als rational.
- Die Annahme, dass die Entscheidung einer Rechtsfrage durch die geltenden Normen schon vollständig programmiert und für Wertungen des Rechtsanwenders daher kein Raum sei, kann stets in Frage gestellt werden und bedarf

[21] Zu *metrischen* Begriffen als dritter Art von Begriffen (neben klassifizierenden und komparativen) vgl. die in Fn. 9 und 6 Genannten.

[22] S. o. im Text bei Fn. 6.

dann einer überzeugenden Begründung, wenn sie nicht mehr als ein Denkverbot sein soll, das mit der Bindung der Rechtsprechung „an Gesetz und Recht“ (Art. 20 Abs. 3 GG) nicht vereinbar wäre.

Meine Diskussion mit Säcker über die juristische Methodenlehre

Klaus Adomeit

Sehr geschätzte Anwesende, wobei ich besonders Freunde und Kollegen begrüße, aber ebenso die hier anwesenden Studierenden, über deren Interesse wir uns sehr freuen können. Ich bin sehr gerne der Einladung von *Susanne Hähnchen* gefolgt und ich bin sehr gerne hier. Zur Sache:

Es ist ein faszinierender Text, den *Franz Jürgen Säcker* uns bietet, unter dem Titel „Auslegung und richterliche Fortbildung der Privatrechtsgesetze“, in der Einleitung zum von ihm mitgegründeten und herausgegebenen Münchener Kommentar zum BGB. Als der 70. Geburtstag *Säckers* anstand – jetzt ist schon der 75. durchgelaufen –, man für ihn die wohlverdiente Festschrift vorbereitete und ich zu einem Beitrag eingeladen war, erschien mir eine kritische Würdigung dieses Textes, die Randnoten 66 bis 144, knapp 30 Seiten, als angemessene Themenwahl.

Was Kollege *Säcker* allen Nutzern des Kommentars hier unterbreitet, ist keine eigentliche Methodenlehre, das wäre eine Instruktion zur Frage: „Wie gehe ich vor bei der Auslegung von Gesetzen?“ Das Bestehen von überlieferten Anleitungen, etwa die des großen *Savignys* mit der berühmt gewordenen Quart von 4 maßgeblichen Anhaltspunkten (Wortlaut, Kontext, Entstehungsgeschichte, Zweck) wird hier eher vorausgesetzt. Stattdessen stehen wir vor einer juristisch-methodologischen Erkenntnistheorie, die das Folgende wissen will: „Findet man zu jeder an eine Gesetzesvorschrift gestellte Auslegungsfrage eine eindeutige Antwort?“ Dazu muss es heißen „Nein!“ oder „Leider nein!“. Beleg dafür ist schon, dass es Gesetzeskommentare gibt (nicht einen, Plural!), die verschiedene Ansichten oder Meinungen vorweisen, und das ist keine sehr beachtliche Ausbeute auf der Suche nach Wahrheit. In den Naturwissenschaften finden wir strittige Ansichten allenfalls in Grenzbereichen, zu denen die Erkenntnismittel nicht hinlangen, etwa ob am Anfang des Universums wirklich ein Urknall geschah, und was eigentlich knallte, wenn vorher gar nichts war. In unserer Juristerei dagegen sind Streitfragen typisch und flächendeckend. Unter den Meinungen soll es auch „herrschende“ geben, was schon etwas verlässlicher klingt – der Kollege *Uwe Wesel* hat dazu einen geistreichen Aufsatz geschrieben – aber wissenschaftstheoretisch ist h.M. trotzdem eine Peinlichkeit.

Säcker hat in seinem Text die Darstellungsform einer Polemik gewählt, gerichtet gegen das „Dogma" – von ihm selbst in Anführungszeichen gesetzt – von der Lückenlosigkeit unserer Rechtsordnung. Lückenlos ist diese offenbar nur, wenn sie eindeutige Auskünfte zu jeder Auslegungsfrage gibt, was nun einmal nicht geschieht. An Stelle dieses Dogmas tritt die neue Lehre, von *Säcker* befürwortet, wonach richterliche Entscheidungen in vielen Fällen nicht kognitiv festgelegt sind, sondern volitiven (dezisionistischen) Charakter tragen und so zu einem das Gesetzesrecht ergänzenden oder sogar beiseite drängenden Richterrecht führen können.

Eine Anmerkung zur Terminologie: Die Auslegung einer Gesetzesstelle ist nicht schon die richterliche Entscheidung, dazu muss erst noch die Subsumtion erfolgen, eher findet sich die Auslegung im richterlichen Leitsatz wieder. Der Vereinfachung halber sei dieser Unterschied hier vernachlässigt.

Offen geblieben ist, von wem und wo das Lückenlosigkeitsdogma eigentlich vertreten worden war oder heute vertreten wird. Der Code civil des großen Napoleon bedroht den Richter mit Strafe für Justizverweigerung (déni de justice), wenn er wegen angeblicher Unvollständigkeit oder Dunkelheit des Gesetzes nicht entscheidet. Auch den Klassikern aus der Zeit der Entstehung unseres BGB schwebte offenbar so etwas vor. Ich denke etwa an *Gottlieb Planck*, an *Windscheid*, an *Ludwig Enneccerus*. Die Begriffsjurisprudenz meinte, durch scharfe Definitionen aller Gesetzesbegriffe den Sinn einfangen und festhalten zu können. Deren Einordnung als „Positivismus" umfasst wohl auch das Dogma. Die kraftvollste Bestätigung bringt § 546 ZPO: „Das Recht ist verletzt, wenn eine Rechtsnorm nicht oder nicht richtig angewendet worden ist." Falsch angewendet ist eine Rechtsnorm auch, wenn falsch ausgelegt.

Übrigens noch eine Anmerkung zu § 546 ZPO: Was für ein schöner Paragraph. Kurz, klar, knapp, unmissverständlich. Das ist ein Niveau früherer Gesetzgebung, das wir leider weit hinter uns gelassen haben. Ich habe einen Freund, der hat schön formuliert: Mit Gesetzesvorschriften ist es wie mit japanischen Haikus. Sie müssen sich mit einem Atem sprechen lassen. Manche Paragraphen gehen heute über drei Seiten.

Diese Annahme, dass eine Rechtsnorm nicht richtig angewendet werden kann, also dass es überall eine richtige Anwendung gibt, diese Annahme liegt dem ganzen System der Rechtsmittel, vor allem dem Revisionsrecht zugrunde, aber natürlich kann ein Paragraph der ZPO nicht an die Stelle wissenschaftstheoretischer Einsicht treten. Also ist die Grundfrage noch unbeantwortet.

Diese selbe Annahme prägt wohl auch unser juristisches Ausbildungssystem, von dem schon die Rede war. In einer Klausurarbeit soll ein bestimmtes Ergebnis erzielt werden, wenn es nicht erzielt wird, dann werden die Korrekturassistenten gleich die Note unterm Strich anpeilen; nur bei echter Gewissenhaftigkeit dieser Mitarbeiter gehen sie dem Grund des Fehlers nach und müssen vielleicht das Verlegenheitsprädikat „vertretbar“ spenden. In einer Hausarbeit könnte sich ein waghalsiger Student sogar zu einer originellen Gesetzesexegese aufraffen, aber besser nicht. Geschweige denn, dass ein Student etwa sagte, also hier ist die Stunde der Rechtsfortbildung, an die ich mich jetzt heran begebe. Der BGH macht das auch. So bleibt die Auslegungskunst in unserem Zunftgebrauch in der Schwebe zwischen philosophischer Unentscheidbarkeit und praktischem Entscheidungszwang.

Säcker hat seine Analyse, die ihm heute wohl niemand mehr bestreitet (auch *Gerhard Otte* hat sich hier dahinter gestellt), mit einem Ausblick auf neuere Entwicklungen in der Hermeneutik, Linguistik, der modernen Interpretationstheorie in der Literaturwissenschaft absichern wollen. Er zitiert *Ricœur*, *Pierce*, *Foucault*, *Derrida* – alles sehr schwierige Autoren, alle sehr schwierig lesbar. Die legen offenbar sogar Wert darauf, soviel Dunkelheit zu bieten, dass bei ihnen eine Auslegung notwendig ist, sogar *Umberto Eco*, bekannt durch seinen schönen Mönchs-Krimi „Der Name der Rose“.

Aber dies hat meines Erachtens keine neue Einsicht erbracht, die Unterschiede sind unüberbrückbar. Die literarische Interpretation hält sich im Innenbereich des Ästhetischen, hat keine realen Konsequenzen, kann niemandem wehtuen, hält den Interpreten von jeder Verantwortung frei, ist sozusagen Feuilleton.

Ein Beispiel ist mir mehrfach durch den Kopf gegangen: Hamlet, die berühmte Geschichte vom Dänenprinzen. Ein rätselhaftes Werk, das sehr viele Deutungen hervorgerufen hat. Was ist mit diesem Hamlet? Er redet viel, aber er handelt nicht. Die Schuld des Onkels Claudius ist eindeutig. Er hat den Vater Hamlets ermordet und die Mutter für sich gewonnen. Dazu der Kommentar Hamlets: „Oh schnöde Hast, sich in ein blutschänderisches Bett zu stürzen.“ Also klare Worte, aber keine klaren Taten. Nun gibt es unter den Deutungen eine extrem hervortretende. Die psychoanalytische Deutung. Danach litt der arme Hamlet unter einem Ödipuskomplex. Wie vielleicht für die Psychologen wir alle. Mit dem unterbewussten Streben, seinen Vater umzubringen und mit der Mutter ins Bett zu gehen. Insofern hatte der Onkel nur das verwirklicht, was ihm unterbewusst vorgeschwebt hatte, deswegen muss er sich mit dem Onkel identifizieren und den umzubringen würde eine Art Selbstmord sein. Und das wäre dann das Geheimnis von „to be or not to be“. Also eine sehr scharfkantige Auslegung, extrem und faszinierend, oder man kann auch sagen: Höherer Blödsinn oder Quatsch hoch drei. Aber es ist folgenlos.

Ganz im Gegensatz dazu die Gesetzesexegese. Hier kann ein Mitmensch später der Zwangsvollstreckung oder einer heftigen Strafe unterworfen werden, als unmittelbare Folge – beim Richterspruch – oder mittelbar, bei unsereins, als juristische Schriftsteller, wenn wir Auslegungen bieten oder die Kommentatoren, daher unsere nicht immer auftretende, aber gelegentlichen Gewissensnöte und daher der Ernst, der hinter unserer dogmatischen Arbeit steht. Und das ist also bei literarischen Interpretationen, Säcker nennt auch die bildende Kunst, als Deutung von Kunstwerken.

Von dieser Vergleichung mit den Nachbardisziplinen abgesehen trennt mich von *Säcker* aber nur die ganz und gar äußerliche, sozusagen taktische Frage: Soll man die Lückenhaftigkeit der Rechtsordnung, die durch richterliche Dezisionen und professorale Dezisionsvorschläge geschlossen werden muss, offen zugeben oder eher herunterspielen?

Franz Jürgen Säcker meint, dass die Aufklärung über die „unentrinnbaren Entscheidungs- und Gestaltungsspielräume des Rechtsanwendungsstabs" (Rn. 99) das Verantwortungsbewusstsein der Richter erhöhen werde, sogar die Bereitschaft zur Selbstkritik. Was mich betrifft, so komme ich hier zu Hamlet zurück, der in dem „to be or not to be"-Monolog für einen Grund, sich das Leben zu nehmen, den Übermut der Ämter nennt, die „insolence of office". Genauso zielen auf diesen Punkt die kritischen Arbeiten von *Bernd Rüthers. Bernd Rüthers* war zornentbrannt, als ein BGH-Richter, sogar ein höherer BGH-Richter, sich so etwa wie der Zigeunerbaron („Ja das alles auf Ehr' kann ich und noch viel mehr") damit protzte, dass er sich wie ein Jazzpianist vom Gesetzgeber eine Melodie vorgeben lässt, aber dann seine eigene Musik spielt. Das ist, so *Bernd Rüthers*, vollkommen unzulässig und verfehlt. Ein *Montesquieu* fehlt hier. Also ist vielleicht doch Vorsicht am Platze, nicht zu oft vom Volitiven und von den Dezisionen zu sprechen. Das Stichwort von der „Dialektik der Aufklärung" regt hier vielleicht zum Nachdenken an.

Wenn ein *Adomeit* in aller Kühnheit über die Methodenlehre *Säckers* geschrieben hat, warum soll nicht *Säcker* viel einfacher über die Lehre *Adomeits* schreiben? Dies hat er getan für das Kolloquium zu meinem 80. Geburtstag, veranstaltet in Dresden an der dortigen TU, ausgerichtet von unserem gemeinsamen Schüler *Jochen Mohr*. In *Säckers* Text ist sehr genau und instruktiv von *Hans Kelsen* die Rede, ein Name, der den Jüngeren unter Ihnen vielleicht nicht mehr viel sagt, aber *Kelsen* war ein überragender, vielleicht der überragende Rechtsdenker des 20. Jahrhunderts, unter dessen Bann ich bei meinen ersten Schriften stand. Die Rechtsordnung als Stufenbau von Ermächtigungsnormen, das erschien mir damals als ultimative Wahrheit und eine überzeugende „Reine Rechtslehre". Übrigens ist das Attribut „rein" natürlich kantisch. Das „rein" bei der Reinen Vernunft und das „rein" bei der reinen Rechtslehre, das sind identische Attribute. Meine Abkehr und Wende, was ich nicht verschweigen darf, war gerade durch die eklatante Insuffizienz der Methodenlehre *Kelsens* unvermeidlich geworden. *Kelsen* war ein geschworener Feind der Auslegung und das musste er sein. Denn wenn seine gewaltigen kathedralen-artigen Stufenbauten sich errichten ließen, dann nur durch eindeutige Rechtsnormen. Die Rechtsnormen waren die Bausteine und wenn die Rechtsordnungen volitiven, dezisionistischen Willkürakten unterworfen sind, dann sind es keine Steine mehr, sondern Schwämme, Korken, also jedenfalls unbrauchbares Baumaterial. Und also musste er sich dagegen stellen. Was sind dessen Konsequenzen? Nach *Kelsen* sind vom Interpreten einer Norm nur die ihm vertretbar erscheinenden Auslegungen zu erarbeiten und aufzulisten, während die Entscheidung für eine dieser Optionen bereits außerhalb der Rechtswissenschaft liege, durch volitiv-politisch bestimmte Wahl zu geschehen habe. Damit können wir aber nie und nimmer auftreten, unseren Pflichten als Lehrer des Rechts genügen. Es ist übrigens sehr einfach, die Kritik noch zu verschärfen und zu sagen: Was heißt denn nun vertretbare Auslegungen? Die Grenze zwischen Vertretbarem und Unvertretbarem ist natürlich wieder eine Auslegungsfrage. Und gibt es überhaupt unvertretbare Auslegungen? Es gibt vielleicht abwegige, aber sobald eine Auslegung vertreten wird, ist ja die Unvertretbarkeit widerlegt. Der Jurist wird dadurch definiert bleiben, dass er zu jeder in seinen Bereich fallenden Rechtsfrage eine Antwort geben kann, und wenn dann unser Metier nicht mehr „reine" Wissenschaft bleibt, sondern vermengt wird mit Handwerkskunst, so fällt uns kein Zacken aus der Krone, sondern ein neuer, ansehnlicher Zacken tritt hinzu.

Zuletzt stellt sich die fundamentale Frage: Was ist der Richtpunkt unserer Auslegungsarbeit bzw. der richterlichen Dezision? Bisher wissen wir nur: Man darf volitiv sein. Auf manchen diätischen Lebensmitteln steht auf der Packung „du darfst" und das ist etwa die Richtung, die hier gegeben wird. Aber was darf man nun? Volitiv sein, aber mit welchem Zielpunkt?

Die einfache Antwort, über Jahrhunderte hinweg überall täglich wiederholt: „Gerechtigkeit!". Darunter, unter diesem Stichwort, wird vielleicht der jetzige Wahlkampf für die Bundesrepublik Deutschland stehen. Dieses Wort Gerechtigkeit klingt aber abgedroschen, ist wohl auch tautologisch, denn was soll Recht oder eine Rechtsentscheidung anderes sein als gerecht? *Kelsen* übrigens hat einen sehr destruktiven Aufsatz über die verschiedenen Gerechtigkeitsvorstellungen verfasst. Aber er musste kämpfen. Ich glaube, ich habe es erklärt weshalb er das musste. Wiederum ist es nie gelungen, bei immerwährenden theoretischen Bemühungen, der Substanz des Gerechtigkeitsbegriffes definitorisch näher zu rücken. Sogar die klar denkenden Römer mussten zu wohlklingenden Schlagworten greifen: Zur Kenntnis des Gesetzes ist nicht am Wortlaut zu haften, „non hoc est verba earum tenere". Aber woran sollen wir uns halten? An vis und potestas. „Vim ac potestatem" sollen wir suchen. Die Kraft und die Herrschaft – das sind Verlegenheitsformulierungen. Das zeigt sogar eine Parallele zu der von *Säcker* einbezogenen literarischen Interpretation. Die Ästhetik als philosophische Teildisziplin war immer darauf aus, „das Schöne" als Grundwert jeder Kunstübung zu fassen. Das klingt etwas altmodisch, aber so steht es bei *Lessing*, *Schiller*, *Kant*, *Schopenhauer*, das Schöne – und wir suchen, was das Gerechte ist. Alle diese Bemühungen sind gescheitert.

Ohnmächtig erscheint die Rechtstheorie bei allen Versuchen, „das Gerechte" zu identifizieren, und oft war mir so, als hörte man ein Spottgelächter des Rumpelstilzchen: „ach wie gut, dass niemand weiß...!". Aber das Bemühen um diese Gerechtigkeit bleibt unsere professionelle Aufgabe „iustitiam colimus et boni et aequi notitiam profitemur", wir dienen der Gerechtigkeit und bekennen uns zur Wissenschaft des Guten und Gerechten. Das Bemühen zählt, die „constans et perpetua voluntas ius suum cuique tribuere". Das Bemühen! Wenn wir diesen Maßstab setzen, dann fallen schon eine ganze Zahl von Typen, von Zeitgenossen, auch Richtertypen heraus. Der befangene Richter, der parteiische Richter, der korrupte Richter – glücklicherweise nicht so sehr ein Problem in unserem Lande. Oder der gleichgültige Richter, der Richter der würfelt, der faule Richter der nur nach einem Simile sucht und es dann abschreibt. Oder der eitle Richter, der auf dem Klavier der Medien spielt und das Fernsehen täglich bei sich haben möchte. Also viele Fälle fallen heraus, weil nämlich die „constans et perpetua voluntas" offenbar fehlt und das ist ja dann schon ein Beweis, dass es sich um keine Leerformel handelt, sondern etwas Substantielles gesagt wird. Also „ius suum cuique tribuere" – einem jeden sein Recht zu verschaffen, das gilt es zu verstehen. Unter „ius suum" ist – wenn ich selbst einmal, mit entschlossener Kühnheit, literarisch interpretieren darf – nicht nur das Recht der aktuell Rechtsunterworfenen, also Prozessparteien, auch nicht das Recht der virtuell Rechtsunterworfenen bei künftigen Prozessen (und wir als juristische Schriftsteller haben es ja nur mit virtuell Rechtsunterworfenen zu tun), sondern auch derjenige ist darunter zu verstehen, der hier Recht spricht oder den Spruch dogmatisch vorbereitet. Denn er – oder natürlich sie – hat daran zu denken, darauf zu achten, den Rechtsunterworfenen so zu behandeln, wie er – oder sie – an dessen Stelle gerne behandelt worden wäre. Also man sieht im Hintergrund eine bekannte Denkfigur, den kategorischen Imperativ, aber so ein kräftiges Wort will ich nicht verwenden, nichts von kategorisch und auch nichts von Imperativ, sondern eher Orientierungslinie, ein Navigator. Aber ich meine, wenn römische Weisheit im Sinne von *Ulpianus* okuliert wird mit klassischer germanischer Philosophie, *Immanuel Kant*, dann könnte etwas Gutes daraus erwachsen.

Zusammenfassung der Diskussion

Zunächst ergänzte *Ingeborg Puppe* (Bonn) den Vortrag von *Gerhard Otte*. Das argumentum a maiore ad minus habe es schon vorher gegeben und man hätte es ohne komparative Begriffe gar nicht formulieren können. Komparative Begriffe seien überhaupt nur dazu da, Reihen zu bilden, welche nichts anderes als Klassenbegriffe seien. Etwa der Typusbegriff als Kombination komparativer Sätze werde übertrieben in seiner Bedeutung. Zu den Formen der Logik in der Jurisprudenz wären die Bedingungssätze zu ergänzen, notwendige und hinreichende Bedingungen. Zumindest nach der herrschenden Lehre von der Kausalität sei die Ursache eine notwendige Bedingung, in Wirklichkeit jedoch nur ein notwendiger Bestandteil einer hinreichenden. Mit diesem Fehler würden man seit hundert Jahren leben. Dazu erwiderte *Gerhard Otte*, dass nicht jeder Satz, in dem ein Komparativ vorkomme, ein in dem von ihm gemeinten Sinne komparativer Satz sei. Der Satz „Peter ist größer als Paul" wäre kein komparativer Satz, denn er ordne nur den Peter in die Klasse derer ein, die größer sind als Paul. Sowohl Peter als auch Paul könnten ganz klein sein. Das argumentum a maiore ad minus komme bei *Aristoteles* vor, aber nicht mehr in der Lehre vom Schluss. Bei *Aristoteles* würde auch die hypothetische Syllogistik allenfalls am Rande behandelt. Jeden hypothetischen Satz, also jeden wenn-dann-Satz, könne man in einen logisch gleichwertigen kategorischen Satz umformen. Ob eine Norm beginne mit „wenn einer eine fremde bewegliche Sache einem anderen wegnimmt" oder aber „wer eine fremde bewegliche Sache wegnimmt" sei logisch kein Unterschied.

Christian Nierhauve (Hagen) interessierte, wieso die Geistesgeschichte nach *Aristoteles* auf seine logischen Arbeiten abstellte und außer Acht ließ, dass er in der nikomachischen Ethik versucht habe, alle Begriffe vollumfänglich theoretisch zu verarbeiten. Bei beiden Referenten sei dies angeklungen. *Aristoteles* spreche nicht von Gerechtigkeit, er substantiiere diese nicht, sondern im fünften Buch etwa gehe es um die gerechten Handlungen, die keine Frage der Tugend und nicht etwas Objektivierbares seien. Die Gegenposition vertrete *Platon*. Er spreche von der Billigkeit im fünften Buch im dreizehnten Kapitel und alles laufe hinaus auf den Begriff: die Klugheit und das was die Jurisprudenz, die Prudentia, ausmache. Warum habe man nicht einfach die praktische Philosophie des *Aristoteles* in Gänze als Lehre übernommen, sondern nur Teile und sei dann auf eine Logik umgeschwenkt, die er selbst gewissermaßen der praktischen Philosophie versagte. Darauf antwortete *Gerhard Otte*, er habe sich in seiner Habilitationsschrift mit der Thematik und dem *Aristoteles* beschäftigt, der den Juristen des zwölften und beginnenden dreizehnten Jahrhunderts bekannt gewesen sei. Das sei der sogenannte *Aristoteles* latinus gewesen, ein im Wesentlichen von *Boethius* vermittelter, verkürzter, aber leicht verständlicher *Aristoteles*; Logik leicht gemacht. Ein Philosophiehistoriker könne eher ein Urteil über die Gründe der Entwicklung der Wissenschaft abgeben. Er selbst könne nur die Ergebnisse feststellen, unter anderem also den Paradigmenwandel im siebzehnten Jahrhundert, der sich dann in der neuesten Zeit als Sackgasse erwiesen habe. Eine Sackgasse, die von *Kelsen* beispielsweise noch nicht wahrgenommen wurde, obwohl schon zu seiner Lebenszeit der Standpunkt eines rein mechanistischen Weltbildes in der Physik überwunden gewesen sei.

Heinrich Honsell sagte, dass man durch die komparatistischen Theorien ganz unbestreitbar eine Flexibilisierung erreichen könne, wie beim Typus. Dies sei ein Fortschritt, auch gegenüber *Kelsen* mit seiner logisch deduktiven Argumentation, die nicht weit reiche. Sie gelte für ein dictum de omni et nullo, das schon eine Einschränkung sei, die sich mit komparatistischen Sätzen überhaupt nicht vertreten lasse. Einige Menschen sind sterblich – daraus folge nichts. Es müssten alle sein oder keiner. Und die nikomachische Ethik, genauer die iustitia distributiva, sei eine Lehrformel. Das sehe man, weil selbst die Nationalsozialisten sie über das KZ Buchenwald schreiben konnten, „Jedem das Seine“. Das sage nicht, was für jeden das Seine sei. Aristoteles habe es gleich gedacht: nach der Würdigkeit (αξία) sollte verteilt werden, in der Aristokratie nach Geburt. Wichtig sei aber, dass die iustitia distributiva eine Idee der Verteilung von Gütern durch den Staat war, Verteilung von Belastungen, also öffentliches Recht. Im Privatrecht habe das eigentlich nichts zu suchen, da gebe es eine andere iustitia correctiva. Zu *Kelsen* wäre zu ergänzen, dass er nicht nur dadurch eine interessante und auffällige Figur gewesen sei, dass er die reine Rechtslehre vertreten habe, die bereinigt sein sollte von allem Volitiv-Dezisionistischen, sondern dass er auch ein unglaublicher Positivist gewesen sei: Von den Nationalsozialisten vertrieben habe er noch in den 1950er Jahren geschrieben, dass wenn ein Gesetzgeber Konzentrationslager einrichte und die Tötung bestimmter Menschen befehle, das Recht sei. Das sei zwar menschlich eine Katastrophe, aber juristisch in Ordnung.

Es folgte ein kurzer Schlagabtausch zwischen *Joachim Lege* (Greifswald) und *Gerhard Otte* zu induktiver und deduktiver Logik.

Wolfgang Schild (Bielefeld) ging davon aus, dass der Ausleger letztlich das Gleiche mache wie der Gesetzgeber mit der Gesetzgebung. Man könne ein Gesetz nur auslegen, wenn es überhaupt auslegbar sei, d.h. einen Sinn habe und unter Umständen Gerechtigkeit anstrebe. Er würde den Begriff Recht vorziehen, da er vom Begriff der Gerechtigkeit nichts halte. Man müsse von einem Rechtsbegriff ausgehen und sagen, es gebe eine Gesetzgebungskunst. *Klaus*

Adomeit habe gesagt, das habe es früher gegeben. Aber wenn es so etwas überhaupt gebe, dann müssten die Auslegenden dieselbe Kunst weiterführen. Diese Auslegungskunst könne jedoch nur dann vertreten werden, wenn man wisse, was eine Gesetzgebungskunst ist. Beides sei nur dann zu begründen, wenn man wisse, was „rechtlich Handeln" heißt. Und deswegen sei der Bezug zu *Aristoteles'* nikomachischer Ethik natürlich: ein Auslegender müsse ein rechtlich Handelnder sein und wenn er das nicht sei, könne er der klügste Logiker sein, er würde nie ein Jurist. Genau so sei es bei einem Gesetzgeber: wenn er nur positivierte Macht artikuliere, könne man das nie auslegen. Deswegen müsste zumindest als Fernziel eine Theorie des Rechts geschaffen werden, genauer des Rechtshandelns, denn auch der Gesetzgeber müsse rechtlich handeln, damit er ein Gesetz zustande bringe. Und Auslegende als rechtlich Handelnde müssten es rechtlich interpretieren können.

Auslegung und Rhetorik[1]

Heinrich Honsell

Mein Thema lautet Auslegung und Rhetorik. Das muss ich sogleich einschränken, weil es nicht um Rhetorik schlechthin geht, die ein wichtiges Fach ist, das lange Zeit vergessen und nicht beachtet war, sondern nur um die rhetorische Auslegungslehre. Hierzu hat vor fünfzig Jahren *Uwe Wesel* eine vorzügliche Dissertation verfasst, über „Rhetorische Statuslehre und Gesetzesauslegung der römischen Juristen“ (1967).

Die Auslegung ist eine Teildisziplin der allgemeinen Hermeneutik, der Lehre vom Verstehen. Sie ist nach *Hermes* benannt, dem Götterboten, der den Menschen die göttlichen Botschaften überbringt und erklärt. Es ist eine alte Vorstellung, dass die Gesetze den Menschen von den Göttern gegeben werden. *Hermes* war der Schirmherr der Redner, weil er die Kunst der Überredung besaß und nie um Ausreden verlegen war. Er war auch der Gott von Handel und Gewinn sowie der Kaufleute und der Diebe.

Die Allgemeine Hermeneutik befasst sich nicht nur mit der Auslegung von Texten, Zeichen oder Symbolen, sondern mit allem, was man interpretieren kann, wie Werke der Musik, bildenden Kunst usw.; das wichtigste sind aber Texte, vor allem religiöse und juristische, in Europa Jahrhunderte lang namentlich die Bibel und das Corpus Iuris.

Die Auslegungslehre war, wie wir noch sehen werden, ehe sie in der Hermeneutik aufging, ursprünglich ein Teil der antiken Rhetorik, die sich namentlich mit Gerichtsreden befasste. Im Spätmittelalter hat man an den aufstrebenden europäischen Universitäten im Studium generale des ersten Studienjahres das sog. Trivium (Dreiweg) studiert (daher wohl aus der Sicht älterer Semester „trivial“): Rhetorik neben Grammatik und Dialektik. Seit der Aufklärung kam die Rhetorik zu Unrecht in Verruf. Man hielt sie für entbehrlich, wo nicht für schädlich, weil es in den Parlamenten und Gerichtshöfen nur um die Wahrheit gehe. Erst im 20. Jahrhundert kam es erneut zu einer Rhetorik-Renaissance.

Die rhetorische Auslegung war eine Kunstlehre des Überzeugens, keine Erkenntniswissenschaft. Es ging nicht um richtiges Verstehen, sondern um überzeugende Begründung. Rhetorik ist, wenn man so will, nicht Erkenntnis-, sondern Argumentationstheorie.

---

[1] Eine ausführliche Fassung dieses Vortrags findet sich unter dem Titel „Die rhetorischen Wurzeln der Auslegung“ in ZfPW 2016, 105–128.

Nach heutiger Methodenlehre hat der Richter die Aufgabe, den Fall unter die Norm zu subsumieren. Die zu diesem Zweck notwendige Auslegung des Gesetzes gilt im Grundsatz als Erkenntnisvorgang. Soweit dies zutrifft, ist die Auslegung verbindlich und es besteht eine Bindung des Richters an das Gesetz. Das gilt aber nur für die einfache Anwendung klaren Rechts, etwa den Bereich, in dem man auch heute noch sagen könnte, der Richter sei nur la bouche de la lois *(Montesquieu)*. In Wahrheit reicht diese Einfachheit nicht weit und es gibt Streitfragen und Beurteilungsspielräume, die gegenläufige rhetorische Argumente eröffnen und gegensätzliche Entscheidungen ermöglichen (dazu sogleich). Die Auslegung ist dann nicht mehr reine Erkenntnis, sondern enthält dezisionistische Elemente.

Eine extreme Gegenposition zur herkömmlichen juristischen Auslegungslehre vertreten allerdings Anhänger einer jüngeren Systemtheorie, die bezweifeln, dass man den Richter überhaupt an gesetzliche Regeln binden könne. In einer Übertreibung des Wittgenstein'schen Skeptizismus meint man, der Sinn eines Satzes erschließe sich überhaupt nur und erst durch den Gebrauch und ebenso der des Gesetzes erst durch Anwendung auf einen Sachverhalt. Deshalb verneint diese Lehre sogar eine feststellbare Bedeutung des Gesetzestextes und damit eine Bindung des Richters an das Gesetz und tut die Methodenlehre als für die Rechtsfindung unbrauchbare „blanke Rhetorik" ab.[2]

Auch wenn es zutrifft, dass das Vorverständnis des Interpreten die Interpretation beeinflusst, verkennt diese These den Regelcharakter und den weiten Bereich einer einfachen Anwendung klaren Rechts. Sie geht zurück auf den französischen Philosophen *Derrida*, den Hauptvertreters der Dekonstruktion und Antihermeneutik, der gemeint hat, dass das Gesetz aus dem gesellschaftlichen „Rauschen" Geräusche herausfiltere, so dass das Recht sie „hören" könne.[3] Das muss man nicht weiter kommentieren. Richtig ist aber, dass die Steuerungsmöglichkeit durch Gesetze Grenzen hat und nicht selten überschätzt wird.

Das erste Problem bei der Auslegung von Gesetzen besteht eigentlich nicht in der Frage, was bedeutet der Text, sondern es besteht darin, dass die Norm auf den Fall anzuwenden ist und dass ein Gesetz kaum *ex ante abstrakt* so *präzise formuliert* werden kann, dass es alle späteren Fälle richtig erfassen kann. Die Vielfalt des Lebens kann auch bei größtem Weitblick nicht vollständig antezipiert werden.

Erst an zweiter Stelle steht, weil weniger häufig, die *Auslegungsbedürftigkeit* von Gesetzen wegen Ungenauigkeit der Sprache. Abhilfe sucht man in einer präzisen, technischen Sprache, die freilich häufig Unverständlichkeit für Nichtjuristen bedeutet. Die oft erhobene Forderung, Gesetze müssten klar und ein-

---

[2] *Amstutz/Niggli*, Recht und Wittgenstein III, in FS Walter, 2005, 9 (19, 30ff); *Amstutz*, ZSR 2007 II, 233 (241, 274).

[3] *Amstutz*, ZSR 2007 II, 233 (241, 278).

fach sein gleicht nicht selten der Quadratur des Kreises, weil sich beides bis zu einem gewissen Grade ausschließt. Wenn der Text präzise ist, ist er nicht mehr verständlich, wenn er verständlich ist, nicht mehr präzise. Das hat *Wesel* zutreffend beschrieben.[4] Die Einfachheit, die *Justinian* als Freundin der Gesetze bezeichnet hat (simplicitas amica legum)[5] muss eine Illusion bleiben und auch das Kommentierverbot, welches das prALR und das AGB aus dem Corpus iuris übernommen hatten[6], war unsinnig.

Zunächst geht es um den gewöhnlichen Sprachgebrauch, doch darf man bei dem nicht stehen bleiben, wenn sich Wortlaut und Sinn (Buchstabe und Geist) der Vorschrift nicht decken. Vorrang haben dann nach hL Sinn und Zweck, die ratio legis. Fälle der Rechtsanwendung, die allein nach dem Wortlaut entschieden werden können, die m.a.W. so klar sind, dass man auf die Sinnfrage verzichten kann, sind nicht so häufig wie der Laie gemeinhin annimmt. Wo jedoch der Wortlaut eindeutig ist und die Norm alle Fälle richtig erfasst und umgekehrt Fälle nicht erfasst, auf welche die ratio nicht zutrifft, benötigt man i.E. keine Auslegung. Doch kann man auch sagen, dass schon diese Feststellung ein Akt der Auslegung ist. Gesetze verwenden nicht nur bestimmte *deskriptive Begriffe*, sondern auch unbestimmte, deren Bedeutung ungenau oder unklar ist; z.B. kann man fragen, ab welcher Zahl von Bäumen von einem Wald geredet werden kann, bei welcher Lautstärke Lärm beginnt, ab wie vielen Mitgliedern man von einer kriminellen Vereinigung sprechen kann usw. Die Bedeutung unbestimmter deskriptiver Begriffe muss nach dem (gewöhnlichen) Sprachgebrauch empirisch ermittelt werden. Wir finden aber auch *normative Begriffe*, die von vornherein eine Ausfüllung erfordern und vom Richter eine Wertung verlangen, z.B. der wichtige Grund für eine Kündigung, das grobe Missverhältnis beim Wucher (§ 138 Abs. 2 BGB). Das gilt insb. auch für die *Generalklauseln* von § 242 (Treu und Glauben) oder § 138 BGB (Sittenwidrigkeit). Dass die Rechtsanwendung auch bei eindeutigem Wortlaut, oft ohne Rückgriff auf die ratio legis nicht auskommt, zeigt das Verbot „Betreten des Rasens verboten", das sprachlich an sich eindeutig ist. Die einfache, vom Rechtsanwender zu entscheidende Frage, ob auch das Befahren darunter fällt, ist nach dem Wortlaut klar zu verneinen, nach dem Sinn (Auslegung) hingegen ohne weiteres zu bejahen. Der Begriff des Betretens (also mit den Füßen) ist zu eng. Das ergibt sich aus der ratio des Verbots, das den Rasen schützen will, der durch Befahren noch mehr beschädigt wird als durch Betreten. Damit sind wir jedoch vom Wortlaut abgewichen und zum Zweck der Vorschrift, bzw. zum Willen des Verordnungsgebers übergegangen. Man sieht, selbst eine so simple Regelung kann misslingen, wenn man nicht die richtigen Worte findet; was übrigens im Beispiel gar nicht

---

[4] *Wesel*, Fast Alles was Recht ist – Jura für Nicht-Juristen, (9. Aufl., München 2014) 3 ff.

[5] *Justinian*, Inst 3, 2, 3.

[6] Const. Tanta 21.

einfach ist. Soll man alle Arten der Fortbewegung aufzählen, Betreten, Befahren, usw.? Im Englischen ist es einfacher, dort findet man ein abstrakteres Gebot, das nicht auf die Art der Fortbewegung usw. abstellt, sondern einfach sagt: keep off the grass.

Der Gegensatz zwischen Wortlaut und Sinn findet sich auch bei der Vertragsauslegung, nur geht es dort nicht um den objektiven Zweck, sondern um die subjektive Absicht der Parteien. So beschäftigt sich BGH JZ 1961, 494ff. mit dem Begriff *Fenster:* Ist ein Rechteck aus Glasbausteinen ein Fenster?

Der Eigentümer eines mit einem Wohnhaus bebauten Grundstücks hatte eine Nachbarparzelle verkauft und in den Vertrag schreiben lassen, dass das Haus des Käufers auf der Grundstückseite zum Verkäufer hin keine Fenster in der Fassade haben dürfe. Der Grund war klar: er wollte nicht eingesehen werden. Um mit dieser Einschränkung zurecht zu kommen, legte der Architekt das Stiegenhaus auf die fragliche Seite, das durch ein senkrechtes Rechteck aus Glasbausteinen belichtet wurde. Als der Verkäufer sah, was da entstand, verklagte er den Nachbarn auf Beseitigung: Glasbausteine seien ein Fenster.

Bei der Vertragsauslegung stehen der Willen und das Verständnis der Parteien im Vordergrund. Trotzdem beginnen wir mit der objektiven Auslegung und fragen nach dem gewöhnlichen Sprachgebrauch des Wortes Fenster.

Der Bundesgerichtshof hat sogar das Grimm'sche Wörterbuch zu Rate gezogen: Danach ist ein Fenster „Das Loch in der Wand, durch das der Tag einbricht“. Entscheidend sei deshalb das Licht, nicht die Luft. Das zeigten auch die Fenster in Hochhäusern, die sich nicht öffnen lassen.

Der BGH hat also die Frage bejaht: Glasbausteine sind Fenster, weil sie das Licht herein lassen. Der Vertragszweck, weist in die gegenteilige Richtung, weil man durch Glasbausteine nicht durchsehen kann und es der offenkundige Sinn der Regelung war, die Einsicht in die Räume des Verkäufers zu verhindern.

Anders als auf dem Kontinent hielt man in England weit länger an einer strikten Wortinterpretation fest. Es galt die sog. Literal Rule: Selbst wenn das Ergebnis absurd war, durfte vom Wortlaut nicht abgewichen werden.

Eine sola scriptura-Doktrin entspringt aber naiver Wortgläubigkeit von Laien und findet sich vor allem bei der Exegese heiliger Schriften. Z.B. hat sie *Martin Luther* für die Bibel vertreten. Sie begegnet uns auch beim Koran. Für Religionen ist eine dogmatische Versteinerung typisch, die nur eine authentische Interpretation anerkennt.

Die Abweichung vom Wortlaut war unzulässig und selbst zur Vermeidung absurder oder widersprüchlicher Ergebnisse war der Rückgriff auf Sinn und Zweck des Gesetzes oder auf die Absicht des Gesetzgebers nicht erlaubt. Auch die Parlamentsprotokolle waren für die Auslegung lange Zeit tabu. Die strikte Wortinterpretation sollte das Gesetzesrecht, das man als Beschränkung der Freiheit betrachtete, weitgehend zurückdrängen. In England bestand eine Abneigung gegen freiheitsbeschränkende Gesetze ähnlich wie in Rom: Corruptissima res publica plurimae leges.[7] Immerhin ließ eine Golden Rule schon im 19. Jahrhundert die Berücksichtigung der ratio zu, wenn anders das Ergebnis absurd oder widersprüchlich gewesen wäre.

Die Gegenposition hat nicht zuletzt unter dem Einfluss des Europarechts *Lord Denning* vertreten: purposive interpretation: It is the age-old conflict which exists between the most eminent judges whether to give the words a literal or liberal interpretation. I take my stand on a liberal interpretation, remembering that ‹the letter killeth, but the Spirit gives life.

Der Satz stammt aus dem 2. Korintherbrief (Kapitel 3, Vers 6) des Apostels Paulus und ist ein Gegenstück zu dem Bekenntnis zum Wortlaut, (vgl. auch Jesaja 32,16: „Das Recht wohnt in der Wüste, aber die Gerechtigkeit weilt in den Gärten").

Die purposive interpretation beginnt sich in England durchzusetzen. Man anerkennt auch eine lebendige Verfassung (living constitution), eine geltungszeitliche Auslegung. Namentlich in den USA ist die enge Wortinterpretation aber auch heute noch weit verbreitet.

Zu beachten ist freilich, dass die Gesetze jedenfalls im Bereich des Privatrechts im englischen Case Law nur eine untergeordnete Rolle gespielt haben. Der Fallvergleich folgt aber einer ähnlichen Methode wie die Analogie im Codified Law. Das Gesetzesrecht hat unter der EU stark zugenommen, eine Tendenz, die sich nach dem Brexit wieder umkehren wird.

Die Auslegungslehre hat ihre Wurzeln nicht in einer philosophischen Erkenntnistheorie, sondern in der griechischen Rhetorik.

Ausgangspunkt des *Protagoras* war die Beobachtung, dass es zu jeder Streitfrage zwei einander entgegengesetzte Aussagen gibt:

Καὶ πρῶτος ἔφη δύο λόγους εἶναι περὶ παντὸς πράγματος ἀντικειμένους ἀλλήλοις (Kai protos ephe dyo logous einai peri pantos pragmatos antikeimenous allelois)[8]. *Protagoras* hat als erster gesagt, dass jede Sache zwei Seiten hat und dass es zu jedem Problem zwei einander entgegengesetzte Standpunkte gibt. Dieser dialektische Antagonismus manifestiert sich in Gerichtsprozessen, aber auch in den politischen Auseinandersetzungen von Parteien zu allen Zeiten (in Rom den Plebejern und Patriziern, in Byzanz den Grünen und Blauen, heute den Demokraten und Republikanern, Rechten und Linken, Liberalen und Sozialisten, Konservativen und Progressiven usw.). Er passt zur Entwicklung der Rhetorik und erklärt, weshalb es bei den Auslegungsregeln stets Gegensatzpaare gibt.

So ist vielleicht auch *Augustinus* zu verstehen: Haec omnia inde in quibusdam vera, unde in quibusdam falsa sunt – Das alles ist von da aus in gewisser Weise

[7] *Tacitus*, Annales 3, 27.

[8] *Diogenes Laertius*, Leben und Lehren der Philosophen 9, 8, 51 zu Protagoras.

wahr, von wo aus es sozusagen falsch ist.[9] Dieser These näher kommt die Vorstellung einer Aufhebung der Gegensätze in einer coincidentia oppositorum bei *Nicolaus Cusanus*.[10]

Nach *Protagoras* ist Rhetorik die Kunst, die schwächere Sache zur stärkeren zu machen (τὸν ἥττω λόγον κρείττω ποιεῖν Ton hetto logon kreitto poiein). Der Vorwurf gegens *Sokrates* war: „er lehrt sie (sc. die Jugend) die himmlischen und unterirdischen Erscheinungen und verleitet sie dazu, nicht an Götter zu glauben und die schwächere Sache zur stärkeren zu machen."[11]

Von *Protagoras* stammt auch der berühmte homo mensura Satz: Der Mensch ist das Maß aller Dinge, der Seienden sofern diese sind und der Nichtseienden, sofern diese nicht sind.

Die philosophische Bewertung der Sophisten war Jahrhunderte lang von dem negativen Bild geprägt, das *Platon* und *Aristoteles* gezeichnet haben. Der Begriff Sophist hat noch heute einen pejorativen Klang.

In diese Bewertung ist auch die negative Beurteilung der Rhetorik eingeflossen.

Gegensatzpaare und dialektische Positionen ergeben sich vor allem, weil in den Gesetzen oft eine Differenz zwischen Wortlaut und Sinn besteht (oder sich doch behaupten lässt). Scriptum/sententia, beim Vertrag verba/voluntas.

Der Argumentation mit Wortlaut oder Sinn und Zweck war ursprünglich nicht methodische Erkenntnis mit Anspruch auf Richtigkeit, sondern ein rhetorisches Argument, das man verwendete, je nach dem, welche Position man vertrat.

War der Wortlaut des Gesetzes der eigenen Position günstig, so sagte man: In claris non fit interpretatio (sens clair-Doktrin, Eindeutigkeitsregel) und warf der Gegenseite Advokatenrabulistik und Wortverdrehung vor.

War der Wortlaut ungünstig, so hieß es: Scire leges non hoc est verba earum tenere, sed vim ac potestatem.[12] Die Gesetze zu verstehen, heißt nicht, an ihren Worten zu haften, sondern ihren Sinn und Zweck zu beachten. Man verspottete den Gegner als Wortfetischisten und Silbenstecher.

Beispiele für Argumente Pro und Contra finden wir auch bei *Cicero* [13] Wer für den Wortlaut plädiert sagt: Iudicem legi parere non interpretari legem oportere – und beruft sich auf die Rechtssicherheit. Wer im Gegenteil mit dem Sinn argumentiert, spottet über die Buchstabenauslegung: leguleius quidam cautus et acutus praeco actionum cantor formlarum auceps sylabarum. – skrupelhafter und spitzfindiger Gesetzeskrämer, Sänger der Formeln, Fallensteller der Silben – und beruft sich auf die Einzelfallgerechtigkeit.

---

[9] *Augustinus*, Soliloquia (Selbstgespräche) II 18,4.
[10] *Cusanus*, De Coniecturis II, 1, 2.
[11] *Platon*, Apologie 23d.
[12] *Celsus*, Dig 1, 3, 17.
[13] *Cicero*, De Inventione 2, 127f.

Allgemein lässt sich vielleicht sagen, dass die leichtere Position hat, wer den Wortlaut auf seiner Seite hat, weil das die scheinbar gesetzestreuere Position ist.

Weil es rhetorische Argumente sind, lässt sich auch heute die Frage, ob und wann man mehr zum Wortlaut oder mehr zum Sinn tendiert nicht generell beantworten, ebensowenig gibt es eine Rangfolge der Auslegungselemente und der Streit zwischen objektiver und subjektiver Auslegung kann nicht für die eine oder andere Theorie im Sinne eines aut – aut entschieden werden. Alle diese Zweifel und Streitfragen erklären sich aus der rhetorischen Herkunft der Auslegungslehre. Eigentlich ist der Streit angesichts der rhetorischen Wurzel der Auslegungsgrundsätze heute überholt. Trotzdem geht er weiter, so spielte er z.B. eine Rolle in der Auseinandersetzung zwischen *Rüthers*, der ein Anhänger der subjektiven Theorie ist und *Canaris* der eine (modifizierte) objektiv-teleologischen Auslegung vertritt; ähnlich sein Schüler *Grigoleit*, der einen „präsumtiven Vorrang" des historisch-genetischen Befundes befürwortet.[14] Natürlich geht es da nicht um den subjektiven Willen von hunderten Abgeordneten, sondern objektiv-historisch um Erläuterungen des ferderführenden Ministeriums, um Parlamentsprotokolle usw. Im Falle eines Widerstreites hat nach hL die objektive Teleologie Vorrang. Auch der zuletzt umstrittene Satz, dass das Gesetz klüger sein könne als seine Verfasser, ist aber nur eine rhetorische Metapher der objektiven Auslegung, die camoufliert, dass es in Wahrheit der Interpret ist, der sich für klüger hält. Doch ist das das Thema von *Bernd Rüthers*. Hier geht es nur um die Rhetorik, in der beide Argumente nebeneinander standen und wahlweise geltend gemacht werden konnten.

Die Maxime in claris, hat man wegen ihrer scheinbaren Evidenz nicht mehr als rhetorisches Argument, sondern als gültige methodische Anweisung und feststehende Wahrheit verstanden. Im Mittelalter und in der Neuzeit galt deshalb, dass nur doppeldeutige oder dunkle Texte (ambiguum vel obscurum) einer Auslegung zugänglich seien. In einigen Ländern, wie z.B. Frankreich, Italien und England, begegnet man dieser Meinung noch heute. Im deutschsprachigen Raum dagegen bejaht man seit langem eine auslegungsbedürftige Unklarheit auch dann, wenn der Text selbst zwar nicht unklar ist, aber Wortlaut und ratio nicht übereinstimmen, weil der Wortlaut Fälle nicht erfasst, die er nach der ratio erfassen sollte oder umgekehrt über die ratio hinausgeht, also Fälle erfasst, die nicht gemeint sind. Selbst wenn der Wortlaut an sich klar ist, kann also die Auslegung einen abweichenden Sinn bevorzugen.

Savigny hat die Auslegung auf vier Elemente reduziert, die grammatische, logische, systematische und historische. Dieser Kanon enthält zu viel und zu wenig. Logisches und systematisches Element sind identisch. Bei beiden geht es um innere Folgerichtigkeit und Vermeidung von Widersprüchen. Dagegen fehlt

---

[14] *Grigoleit*, Das historische Argument in der geltendrechtlichen Privatrechtsdogmatik, ZNR 30 (2008), 259 (264ff.).

die objektiv-teleologische Auslegung, die das Pendant zur subjektiv-historischen Auslegung ist. Wie diese nach dem Willen des historischen Gesetzgebers fragt, orientiert sich jene an dem geltungszeitlich zu ermittelnden objektiven Sinn und Zweck. Das teleologische Argument war *Savigny* aber suspekt: „Ungleich bedenklicher, und nur mit großer Vorsicht zulässig, ist der Gebrauch des Gesetzesgrundes zur Auslegung des Gesetzes".[15] Mit diesem Vorbehalt gegen den Gesetzesgrund (der mit dem Gesetzeszweck identisch ist, der Grund bezeichnet die kausale, der Zweck die finale Seite), soll nicht die Zulässigkeit der Analogie in Zweifel gezogen werden, die nach *Savigny* nicht zur Auslegung gehört, sondern zur Rechtsfortbildung; vielmehr gilt er der Gesetzeskorrektur durch teleologische Restriktion, die *Savigny* als getrenntes Phänomen betrachtet. Den teleologischen Aspekt der Analogie erörtert *Savigny* nicht. Die Analogie wird nicht aus dem Zweck des lückenhaften Gesetzes begründet, sondern „das positive Recht wird aus sich selbst ergänzt, indem wir in demselben eine organisch bildende Kraft annehmen" *Savigny* bleibt, wie wir sogleich sehen werden, ganz in der antiken rhetorischen Tradition, die im status scriptum – sententia nur die Restriktion erörtert und die Analogie außerhalb der Auslegung angesiedelt hat. Das ist merkwürdig, denn Restriktion und Analogie gehören zusammen, sind quasi die zwei Seiten ein und derselben Münze. Stets geht es um das Verhältnis von Wortlaut und Zweck, das eine mal ist der Wortlaut zu weit, das andere Mal zu eng.

Allerdings haftet der Restriktion anders als der Analogie leicht das odium der Entscheidung contra legem an, wenn eine Lösung abgelehnt wird, die nach dem Wortlaut des Gesetzes geboten ist. Der Zweck der Regelung muss stets sorgfältig ermittelt werden; denn die teleologische Interpretation darf nicht einfach zur Erzielung eines erwünschten Ergebnisses eingesetzt werden. Immerhin sollte man aber heute ihre Relevanz grundsätzlich anerkennen. Zu beginnen ist aber zweckmäßiger Weise stets mit der grammatischen Auslegung, freilich ohne strikte Bindung an den Wortlaut. Kein Interpretationstopos sollte a priori vernachlässigt werden.

Die Auslegungslehre der Rhetorik wurde in Rom vor allem durch das verloren gegangene Werk des *Hermagoras von Temnos* (2. Jhdt. v. Chr.) Τέχναι ῥητορικαί (Technai Rhetorikai – Redekunst) rezipiert, das Cicero und später Quintilian als Vorlage gedient hat und so der Überlieferung indirekt erhalten blieb. In ihm spielt die Auslegung eine zentrale Rolle [16]

Scriptum – sententia war ein zum genus legale gehörender Status (Stasis) und betraf in der Antike nur die Restriktion des Gesetzes; weitere Argumente wa-

---

[15] *Savigny*, System des heutigen Römischen Rechts, Bd. I (1840) 220.

[16] Vgl. etwa *Wesel*, Rhetorische Statuslehre und Gesetzesauslegung der röm. Juristen, 1967; *Lausberg*, Handbuch der literarischen Rhetorik, 1960.

ren leges contrariae – widersprüchliche Gesetze, ambiguum – Doppeldeutigkeit und Syllogismus (ratiocinatio), die heutige Analogie.[17]

Die Trennung von Restriktion (Status scriptum/sententia) und Analogie (ratiocinatio) die wir bei *Savigny* beobachten konnten, geht also zurück auf *Hermogenian.*

Die Verteidigungsstrategie sah folgendermaßen aus: [18]

Sequitur coniecturam finitio, nam qui non potest dicere nihil fecisse, proximum habebit ut dicat, non id fecisse quod obiciatur – Der Angeklagte konnte die Tat überhaupt bestreiten. Dann musste sie bewiesen werden. Nach der sog. coniectura (Feststellung der Tat) kam die definitio; denn wer nicht behaupten kann, er habe es nicht getan, kann als Nächstes behaupten, was er getan habe, sei nicht die im Gesetz genannte Tat. Ich lasse einige Verteidigungsschritte aus. Uns interessiert, dass man in einem weiteren Schritt, dem status scriptum et sententia, eine Diskrepanz zwischen Wortlaut und Sinn des Gesetzes behaupten und für eine restriktive Auslegung plädieren konnte.

Beispiele für Restriktion aus der Antike: Das Öffnen der Stadttore war in der Nacht verboten. Man öffnete sie, um ein Entsatzheer aufzunehmen.[19] Die Todesstrafe für einen Fremden, der die Stadtmauer betritt, kann natürlich nicht gelten, wenn er auf der Mauer war um bei der Abwehr des Feindes zu helfen. Extreme Beispiele, die aber zeigen, dass es besser ist, Vernunft walten zu lassen als im Namen des Gesetzes eine unsinnige Härte zu vollziehen.

Die Grundsätze der Lex Rhodia gelten im internationalen Seerecht heute noch: Wer in Seenot ein Schiff rettet, dem gehört es.[20] Das gilt auch für den Seekranken, der nicht mehr mit ins Rettungsboot konnte, aber glücklich gerettet wurde nachdem sich der Sturm gelegt hatte.

In den Rhetoriklehrbüchern finden sich auch Beispiele für Analogie. Sie ist heute das Gegenstück zur Restriktion. So wie hier der Wortlaut zu weit ist, ist er dort zu eng. Die Restriktion war zumindest im Unterricht als Verteidigungsstrategie gegen das Gesetz wichtiger als die Analogie. Heute ist es umgekehrt.

Ein Beispiel für Analogie ist die Geschichte von dem Liebestrank:

Quintilian Inst. or. 7. 8. 2: nam saepe, si finitio infirma est, in syllogismum delabitur. sit enim lex: venefica capite puniatur. saepe se verberanti marito uxore amatorium dedit, eundem repudiavit: per propinquos rogata ut redieret non esset reversa: suspendit se maritus. mulier venefica rea est. fortissima est actio dicentis amatorium venenum esse: id erit finitio, quod si parum valebit fiet syllogismus, ad quem velut remissa priore contentione veniemus: an proinde puniri debeat, ac si virum veneno necasset?

---

[17] *Quintilian*, Inst.or. VII, 7–9.

[18] *Quintilian*, Inst.or. VII, 3, 1.

[19] *Cicero*, De inv. 2, 123.

[20] Auctor ad Herennium 1, 19.

Denn häufig, wenn die Definition schwach ist, gelangt man zur Analogie. Nimm z.B. ein Gesetz an, dass die Giftmischerin mit dem Tode bestraft werden soll. Eine Frau, die oft von ihrem Mann geschlagen worden war, gab ihm einen Liebestrank und verließ ihn. Sie kehrte auch auf Bitten der Verwandten nicht zurück. Der Mann erhängte sich. Die Frau wurde wegen Giftmischerei angeklagt. Das Argument dessen der sagt, ein Liebestrank sei Gift, ist am stärksten. Hält man es für weniger stark, gelangt man zur Analogie, gleichsam wie nach einem aufgegebenen Wettstreit, man sagt dann, dass sie so zu bestrafen sei, wie wenn sie den Mann mit Gift getötet hätte.

Die Beobachtung, dass eine schwache Definition zu Analogie führt, haben wir schon bei dem Beispiel „Rasen betreten verboten" gesehen.

Das Beispiel ist absurd, denn zwar gibt es Aphrodisiaka, aber keinen Liebestrank mit solcher Wirkung.

Davon abgesehen stünde heute einer Verurteilung das Analogieverbot (Art. 103 II GG, § 1 StGB, nulla poena sine lege) im Wege. Das Rechtsstaatsprinzip (§ 2 StGB) wurde in der NS-Zeit durch Bestrafung nach „gesundem Volksempfinden" ersetzt.

Zusammenfassung

Die rhetorischen Argumente sind gegenläufige Aussagen. Deshalb lässt sich auch in der modernen Methodenlehre die Frage nicht generell beantworten, ob und wann die Rechtsanwendung mehr zum Wortlaut oder mehr zum Sinn tendiert. Das gilt auch für die scheinbar allgemein gültige Maxime in claris non fit interpretatio (Eindeutigkeitsregel) und die entgegengesetzte Anweisung den Sinn zu ermitteln und nicht am Buchstaben zu haften. Es gilt weiter für die Frage, ob man auf die objektive ratio legis abstellen soll oder auf die Absicht des (historischen) Gesetzgebers; ob eine Analogie angezeigt ist oder ein argumentum e contrario. Auch die fehlende Rangordnung und eine gewisse Beliebigkeit in der Heranziehung der einzelnen Auslegungselemente erklärt sich aus ihrer rhetorischen Herkunft und der Funktion, für Position und Gegenposition Argumente verfügbar zu machen. Das heißt freilich nicht, dass die Methodenlehre „jedem Inhalt dienstbar" ist.[21] Rhetorische Herkunft und inhaltliche Dialektik tun der juristischen Auslegung keinen Abbruch. Man muss nur Funktion und Ambivalenz der Auslegungsregeln beachten.

Unter rhetorischem Aspekt ist Gesetzesauslegung eine Begründungskunst, die zu überzeugenden Ergebnissen führen soll, aber keine Methode der Erkenntnis richtigen Rechts sein will. Die Hermeneutik als Lehre vom Verstehen zielt auf wahre Erkenntnis. Die Methodenlehre soll der Auslegung den Weg zur

---

[21] So aber *Ogorek*, FS Hassemer (2010) 170.

richtigen Lösung weisen. Ziel der Rhetorik hingegen ist nicht zuerst richtiges Verstehen, sondern überzeugende Begründung. Sie gehört nicht in den Entdeckungs-, sondern in den Begründungszusammenhang und sie ist nicht Erkenntnis-, sondern Argumentationstheorie.

Der Abstand zwischen Überzeugung und Gewinnung richtiger Erkenntnis ist freilich geringer als es zunächst den Anschein hat. Denn absolute Wahrheiten sind in der Jurisprudenz ohnedies selten und durch einen geordneten Diskurs von Argument und Gegenargument kommt man der Wahrheit am nächsten. Diese Beobachtung passt auch gut zur Meinungsbildung in der Demokratie.

Die Frage ist, welchen Anteil kognitive und dezisive Elemente an der Auslegung haben, die beide in juristischen Entscheidungen zusammentreffen. Berücksichtigt man, dass sie in Bezug auf die Auslegung verschiedene Fragestellungen betreffen, so lassen sich dezisive Argumentation und kognitive Auslegung durchaus miteinander vereinbaren und können nebeneinander bestehen. Im Bereich der Kognition liegen je für sich die vier herkömmlichen Auslegungselemente, die objektive und die subjektive Auslegung, also die Frage, was ein Text objektiv bedeutet und wie ihn der Autor verstanden hat, ob Widersprüche zu anderen Textstellen bestehen usw. Um Dezision geht es hingegen bei der Frage, welchem von mehreren Auslegungselementen man den Vorrang einräumt, ob man den Text objektiv oder subjektiv auslegen will, für Analogie plädiert oder für ein argumentum e contrario, ob man eher zur Rechtssicherheit (Wortlaut) tendiert oder zur Einzelfallgerechtigkeit (ratio). Immerhin lässt sich sagen, dass der Zweck im Grundsatz über dem Wortlaut steht und dass sachlich einleuchtende und gebotene Differenzierungen nicht gedankenlos unbedachten Verallgemeinerungen des Gesetzes geopfert werden dürfen, nach dem Motto lege non distinguente nec nobis est distinguere. Doch hat sich diese Sicht, namentlich in der öffentlichen Verwaltung noch längst nicht durchgesetzt.

Je konkreter eine Norm ist, umso eher lassen sich Inhalt und Zweck ohne Dezision ermitteln. Umgekehrt wird Kognition erschwert und Dezision rückt in den Vordergrund, je abstrakter und unbestimmter eine Norm ist. Soweit es sich nicht mehr um Kognition, sondern um Dezision handelt, schwindet die angestrebte Legitimität, die aus dem Gesetzesauftrag hergeleitet wird.

Matthaeus Gribaldus Mopha, De methodo ac ratione studendi in iure

Reflektionen zur juristischen Methodenlehre zwischen Theorie und Praxis

Sebastian A. E. Martens

I. Der Inhalt der gegenwärtigen deutschen juristischen Methodenlehre

Das Thema dieser Tagung ist die juristische Methodenlehre. Es ist ein voraussetzungsvolles Thema. Denn behauptet wird, dass es nicht nur überhaupt eine Methodenlehre gibt, sondern sogar eine spezielle Art, nämlich eine *juristische* Methodenlehre. Wenn man sich mit den Vertretern anderer Wissenschaften unterhält und gefragt wird, was denn nun Juristen genau ausmacht, womit sie sich beschäftigen und was die juristische Methode auszeichnet, ist schon die erste Frage nicht leicht zu beantworten. Man kann auf den juristischen Diskurs verweisen und auf Traditionen, man kann bestimmte Berufe benennen, die (in bestimmten Kulturen) als juristische Berufe anerkannt sind, aber eine klare und analytisch präzise Abgrenzung oder sogar eine exakte Definition scheint kaum möglich zu sein. „The life of the law has not been logic: it has been experience", wie *Oliver Wendell Holmes* richtig festgestellt hat,[1] und so hat sich auch die Gruppe der Juristen historisch geformt und wurde nicht nach einem theoretisch kohärenten Konzept gestaltet.

Wenn schon kein eindeutiger Begriff des Juristen gebildet werden kann und es sich bloß um einen Sammelbegriff für eine Vielzahl von Berufen handelt, die aus historisch kontingenten Gründen unter diesem Begriff zusammengefasst werden, dann ist es *prima facie* unwahrscheinlich, dass es eine einzige Methodenlehre geben sollte, die für alle diese Berufe einen umfassenden Werkzeugkoffer bereitstellt, der für alle anfallenden Aufgaben das jeweils passende Werkzeug bereithält. Denn es gibt sehr viele unterschiedliche Aufgaben für Juristen: Richter müssen Prozesse leiten und Urteile fällen; Anwälte müssen Mandanten

---

[1] *Holmes*, The Common Law, 1881, S. 1.

beraten, vor Gericht und außerhalb vertreten, Verträge und andere Dokumente entwerfen; Ministerialbeamte müssen Gesetze formulieren; Rechtswissenschaftler müssen Aufsätze und Bücher schreiben; Hochschullehrer müssen Studenten etwas über das Recht beibringen; usw. Eine einzige Methode ist offensichtlich viel zu wenig für alle diese Aufgaben.

Dennoch hat sich in den letzten zweihundert Jahren in Deutschland ein bestimmter Inhalt „der" juristischen Methodenlehre herausgebildet, über den heute nahezu allgemeiner Konsens besteht und der sich mit nur geringen Abweichungen in allen einschlägigen Lehrbüchern findet. Im Mittelpunkt steht dabei die Auslegung der Gesetze, die um eine Theorie der Rechtsfortbildung ergänzt wird. Es handelt sich dabei um ein Erbe der dogmatischen Arbeit im Recht, wie sie die Pandektenwissenschaft im 19. Jahrhundert begründet hat.[2] Kritik und revolutionäre Umsturzversuche, wie sie etwa die Freirechtsschule zu Beginn des 20. Jahrhunderts unternommen hat, wurden zwar wahrgenommen, führten aber nicht zu echten Reformen, sondern man integrierte allenfalls neue Konzepte, wie etwa die Abwägung,[3] theoretisch mehr oder eher weniger überzeugend in die überkommenen Strukturen. Theoretisch basiert die juristische Methodenlehre weiterhin auf der Grundannahme, dass sich Aussagen über die Rechtslage in einzelnen konkreten (Streit-)Fällen methodisch aus den Rechtsquellen entwickeln lassen, dass sich also ein Rechtsfindungsprozess von (willkürlicher) Rechtssetzung unterscheiden lässt und dass man diesen Rechtsfindungsprozess zumindest disziplinieren kann, so dass die Willkür des Entscheiders (mehr oder weniger weitgehend) ausgeschaltet wird.

Den Kern der juristischen Methodenlehre bildet darum die Lehre von der Auslegung der Gesetze, die allerdings höheren theoretischen Ansprüchen kaum genügen kann, sondern vor allem praktische rhetorische Funktionen erfüllt. Denn die vier berühmten Auslegungskanones gehen nicht bloß nicht, wie immer noch vielfach behauptet, auf *Savigny* zurück, sondern sie sind bei einer strengen Analyse auch nicht vier, sondern bloß zwei. Die Kanones des Wortlauts, der Systematik und der Geschichte dienen nämlich alle nur dazu, den Kontext der jeweiligen Rechtsquelle zu strukturieren. Sie sind deshalb auch nicht trennscharf gegeneinander abgrenzbar. So definieren die herkömmlichen Methodenlehren regelmäßig nicht, was genau unter dem Wortlaut einer Norm zu verstehen sein soll, was aber doch Voraussetzung dafür wäre, um das Wortlautargument von der Systematik zu unterscheiden. Ist es Teil des Wortlauts, wenn man den zweiten Satz des zweiten Absatzes eines Paragraphen für das Verständnis des ersten Absatzes heranzieht, oder ist das ein systematisches Ar-

[2] Exemplarisch für die Entwicklung steht dabei *Jhering*, zu ihm einführend *Jansen/Reimann*, ZEuP 2018, 89ff.

[3] Siehe insofern *Fuchs*, in: ders., Gerechtigkeitswissenschaft, 1965, S. 181, 182; ausführlich *Rückert*, JZ 2011, 913, 914ff.

gument?[4] Auch im Hinblick auf das historische Argument besteht keineswegs Einigkeit darüber, was im Einzelnen hier zu berücksichtigen ist. Völlig ungeklärt ist schließlich, welches Gewicht welchem Teil des Kontexts jeweils zukommt.

Neben den drei kontextbezogenen Kanones steht die teleologische Auslegung, der insofern eine Sonderstellung zukommt, als sie ein Argument zweiter Stufe ist. Denn der Zweck der Rechtsquelle, der hier für ein bestimmtes Ergebnis mobilisiert wird, muss zunächst einmal begründet werden und für diese Begründung muss wieder auf den Kontext, d.h. auf die übrigen drei Kanones zurückgegriffen werden. Bei einer strengen Analyse ist die juristische Auslegungslehre also nicht wesentlich über den *status legalis* „scriptum et voluntas" der antiken Rhetorik hinausgekommen.[5] Stark umstritten ist schließlich die Theorie der Rechtsfortbildung und ihr Verhältnis zur Auslegung bzw. ihre (mögliche) Bindung an die Rechtsquellen.

II. Grundprobleme juristischer Methodenlehren

Tritt man einen Schritt zurück und betrachtet den Inhalt der gegenwärtigen deutschen juristischen Methodenlehre, so handelt es sich um eine Begründungs- oder Argumentationslehre im Rahmen einer bestimmten Aufgabenstellung. Es geht darum, eine Rechts- bzw. Fallnorm zu finden oder zu begründen, die eine Rechtsfrage in einem konkreten Fall entscheidet. Diese Fallnorm muss nach in Deutschland allgemeiner Überzeugung (zumindest auch) anhand von anderen Rechtsnormen begründet, d.h. auf das positive Recht zurückgeführt werden. Die Methodenlehre muss nach dieser Auffassung zu einer Auslegungs- bzw. Interpretationslehre werden, wie es insofern konsequent auch in Frankreich und dem dortigen Ansatz folgend auch auf der europäischen Ebene mit einem weit verstandenen Begriff der *interprétation* der Fall ist, der sowohl Auslegung als auch Rechtsfortbildung umfasst.[6]

Üblicherweise werden bloß Defizite der Methodenlehre im Hinblick auf das durch die von ihr entwickelte Methode zu erreichende Ziel diskutiert, aber dieses Ziel selbst wird nicht in Frage gestellt. Das ist auch insofern nicht zu beanstanden, als es sich bei der Auslegung und Fortbildung der Rechtsnormen um eine sinnvolle und auch praktische relevante juristische Aufgabe handelt. Aber problematisch ist es doch, dass die Methodenlehre sich allein dieser Aufgabe widmet und alle anderen Fragestellungen ausblendet, die Juristen sonst noch beschäftigen. Praktisch tätige Juristen müssen regelmäßig noch viele andere

---

[4] Vgl. insofern die Auslegung von § 254 Abs. 2 S. 2 BGB; dazu MünchKommBGB/*Oetker*, 7. Aufl. 2016, § 254 BGB Rn. 126.

[5] Vgl. zu den *status legales* der antiken Rhetorik *Martin*, Antike Rhetorik, 1974, S. 44ff.

[6] Dazu *Martens*, Methodenlehre des Unionsrechts, 2013, S. 503f.

Dinge können, um soziale Konflikte zu verhindern oder, so dies nicht gelungen ist, sie wieder zu schlichten. Auch Wissenschaftler werden allein mit einer Auslegungsmethode kaum auskommen und Studenten sehen zurecht in der gegenwärtig gelehrten Methodenlehre keine wirkliche Hilfe bei der Lösung von Examensklausuren, so dass sie die entsprechende Vorlesung überwiegend gar nicht erst besuchen.

Da es nicht eine einzige, sondern viele verschiedene juristische Aufgaben gibt, sollte es eigentlich auch nicht nur eine einzige, sondern viele verschiedene, den jeweiligen Aufgaben angemessene Methoden geben. Es wäre sinnvoll, wenn man allgemein darüber reflektierte, wie diese vielfältigen Aufgaben strukturiert und möglichst gut gelöst werden können, und diese Erkenntnisse in Regeln fassen würde, die gelehrt und gelernt werden könnten, so dass nicht jeder immer wieder das Rad neu erfinden müsste, sondern ein echter Erkenntnisfortschritt möglich wäre. Zudem würde die Qualität der juristischen Arbeiten sicher steigen.

Die Fokussierung der Methodenlehre auf die Auslegung von Gesetzen ist auch historisch betrachtet keineswegs selbstverständlich. Juristen haben im Laufe der Geschichte ganz unterschiedliche Dinge getan und dabei auch jeweils unterschiedliche Methoden entwickelt. *James Gordley* hat in seinem Buch über „The Jurists"[7] zwar nicht alle historischen Erscheinungsformen untersucht, sondern sich im Wesentlichen auf die akademisch tätigen Juristen des christlichen Abendlandes konzentriert. Jeweils eigene Kapitel sind den römischen Juristen des *ius civile*, den mittelalterlichen Legisten und Kanonisten, den Spätscholastikern, den Humanisten, den Naturrechtlern, den französischen Juristen des 18. und 19. Jahrhunderts, den deutschen Juristen des *usus modernus*, den Vernunftrechtlern des *mos geometricus*, den Positivisten und Begriffsjuristen des 19. Jahrhunderts und den vielen Richtungen des 20. Jahrhunderts gewidmet. *Gordley* meint, dass die von ihm so in Gruppen zusammengefassten Juristen jeweils ein gemeinsames Projekt verfolgt und dafür eine jeweils eigene, dem Projekt angemessene Methode entwickelt hätten. Eine trennscharfe Abgrenzung der von *Gordley* identifizierten Gruppen ist naturgemäß nicht möglich. *Matthaeus Gribaldus Mopha* etwa, der herkömmlich als Vertreter eines zu seiner Zeit (nämlich im Zeitalter des Humanismus) bereits antiquierten *mos italicus* (d.h. der Methodik der Kommentatoren) angesehen wurde,[8] entzieht sich bei unvoreingenommener Lektüre einer klaren Zuordnung, wie später noch gezeigt werden soll.

Tatsächlich ist der juristische Diskurs schon aufgrund seiner Orientierung an vorgefundenen Autoritäten von Natur aus konservativ. Grundstürzende Änderungen sind ausgeschlossen, da sie sich nicht an das bereits Bestehende anschlie-

---

[7] *Gordley*, The Jurists – A Critical History, 2013.

[8] Vgl. nur *Buschmann*, Mit Brief und Siegel – Kleine Kulturgeschichte des Privatrechts, 2014, S. 89f.; siehe auch *Luig*, in: HWBEuP, Stichwort „Humanismus", S. 835.

ßen lassen und darum auch nicht anschlussfähig sind.[9] Der juristische Diskurs wandelt sich deshalb regelmäßig nur langsam und für die Beteiligten kaum merklich.[10] Ihnen geht es nicht um eine Revolution, da das überkommene Recht meist nicht als völlig defizitär empfunden wird, sondern die Juristen wollen in der Regel ein grundsätzlich als gut angesehenes Recht den jeweils neuen Umständen anpassen und fortentwickeln. Erst in der Rückschau lassen sich dann von Rechtshistorikern tiefere Strukturen, Zäsuren und (vermeintliche) Strategien der Entwicklung identifizieren.

Eine solche wichtige Zäsur, die allerdings für die Zeitgenossen wohl auch keine solche war, sehe ich in dem, was traditionell als die Wiederentdeckung der Digesten im 11. Jahrhundert bezeichnet wird.[11] Das römische Recht war nie ganz in Vergessenheit geraten und man hatte in Norditalien stets auch römische Rechtsquellen bei der Lösung juristischer Probleme herangezogen. Lange Zeit hatten hierbei aber die leichter verständlichen und einfacheren Texte des Codex und der Institutionen ausgereicht. Im 11. Jahrhundert kamen nun einige Umstände zusammen, die einen Rückgriff auf die komplexeren Digesten begünstigten: Erstens gab es einen wirtschaftlichen Aufschwung in den norditalienischen Städten, zweitens besann man sich allgemein auf die Antike und ihre Texte gewannen an Autorität und drittens forderte die Praxis offenbar eine bessere, d. h. anspruchsvollere und inhaltsreichere Argumentation. Diesen gestiegenen Anforderungen konnte die juristische Argumentation aber nur genügen, indem sie auf bessere Texte zurückgriff. Die italienischen Juristen waren im 10./11. Jahrhundert grundsätzlich nicht wählerisch bei der Auswahl, sondern zogen alle Texte heran, die rechtliche Aussagen enthielten. Wahrscheinlich eher zufällig zitierte jemand im 11. Jahrhundert eine Stelle aus den Digesten und hatte (auch) damit Erfolg; jemand anders ahmte das nach, war ebenfalls erfolgreich und nach und nach setzten sich solche Zitate aus den Digesten immer mehr durch. Vielleicht hierdurch aufmerksam geworden, vielleicht aus eigenständigen Motiven nahm *Irnerius* oder einer seiner Zeitgenossen dies zum Anlass, sich näher mit den Digesten zu beschäftigen und sie mit dem damals allgemein gebräuchlichen wissenschaftlichen Werkzeug zu bearbeiten. *Irnerius* und die ihm nachfolgenden ersten Glossatoren nutzten keine besondere juristische Methode und waren daher auch keine Juristen. Sie wendeten lediglich die allgemeinen Grundsätze der Textbearbeitung auf ihren besonderen Gegenstand, nämlich die Digesten, an. Ihr Ziel war die Aufbereitung dieses Textes nach allgemei-

[9] Vgl. in diesem Zusammenhang exemplarisch die Begründung der Klagbarkeit aller Verträge durch *Wesenbeck*, der sich auf zahlreiche Autoritäten stützt, die eigentlich das Gegenteil gesagt hatten, dazu *Nanz*, Die Entwicklung des allgemeinen Vertragsbegriffs im 16. bis 18.Jahrhundert, 1985, S. 89ff.

[10] Eindrucksvoll für das Common law *Milsom*, A Natural History of the Common Law, 2003.

[11] Zum Folgenden ausführlich *Martens*, in: Klappstein/Heiß (Hrsg.), als bis wir sein Warum erfasst haben, 2017, S. 37ff.

nen Regeln, um ihn verständlich und dadurch für die Praxis nutzbar zu machen. Hierbei waren sie offensichtlich sehr erfolgreich, wie ihre schnell und stetig steigenden Studentenzahlen zeigten.[12]

Auch wenn die ersten Glossatoren nur die allgemeinen Regeln der Wissenschaft auf ihren Gegenstand, nämlich die Digesten, anwandten, zwang ihnen dieser Gegenstand mit der Zeit doch die Entwicklung einer besonderen, eigenständigen Methodik ab. Wiederum kamen mehrere Faktoren zusammen: Erstens wiesen die Digesten als Text mit ihren tausenden Fragmenten ohne systematischen Zusammenhang und ihren meist allenfalls knapp begründeten Entscheidungen, die sich zudem nicht selten widersprachen, einige wichtige Besonderheiten auf. Zweitens tendiert jeder erfolgreiche Diskurs dazu, sich abzuschließen und zu verselbständigen. Und drittens war die Beschäftigung mit den Digesten nicht nur durch die Praxis angestoßen, sondern sollte von Anfang an eben dieser Praxis dienen und war darum auf die Applikation angelegt. Insbesondere dieser applikative Charakter war von entscheidender Bedeutung für die weitere Entwicklung der Jurisprudenz.[13] Denn die Digesten wurden genutzt, um mit ihnen in Streitigkeiten zu argumentieren. Es ging um das Obsiegen in solchen Rechtsstreitigkeiten. Da beide Seiten sich derselben Texte bedienten, mussten sich gegensätzliche Meinungen zum Verständnis dieser Texte herausbilden. Dadurch kam es zu einem Konflikt zweier theoretischer Grundpositionen zum Charakter von Aussagen über das Recht, der auch Folgen für die Methode hat.

So lässt sich Recht so verstehen, dass es stets nur eine einzige richtige Antwort auf jede Rechtsfrage gibt. Recht ist, wenigstens theoretisch, eindeutig und die juristische Methode muss dem Anwender dabei helfen, die jeweils einzig richtige Antwort auf seine Frage zu finden. Recht kann aber auch so gedeutet werden, dass es sich einer eindeutigen Festlegung entzieht und immer mehrere vertretbare Antworten für jede Frage bereithält. Bei diesem Verständnis hat die juristische Methode den Zweck, alle möglichen vertretbaren Antworten für jede Frage systematisch mit den für und widerstreitenden Argumenten aufzudecken.

In der Praxis haben Anwälte in der Regel sehr konkrete Vorstellungen von der richtigen Lösung: Es ist die Lösung, die ihrem Mandanten hilft. In der Ausbildung weiß man allerdings noch nicht, welchen Mandanten mit welchem Interesse man später in welchem Fall vertritt. Daher muss der künftige Anwalt zunächst einmal lernen, mehrere, auch gegensätzliche Lösungen aus den Rechtsquellen zu entwickeln. Er muss nach Möglichkeit stets für beide Seiten argumentieren können, damit er später jeden zufälligen Mandanten optimal

---

[12] Zu den Anfängen der Rechtsschule von Bologna einführend *Wieacker*, Privatrechtsgeschichte der Neuzeit, 2. Aufl. 1967, S. 45 ff.

[13] Grundlegend zum applikativen Charakter der (praktischen) juristischen Hermeneutik *Gadamer*, Wahrheit und Methode, 6. Aufl. 1990, S. 330 ff.

vertreten kann. Die juristische Praxis braucht daher eine Argumentationslehre oder Topik, die für beide Seiten alle Argumente umfassend und systematisch aufzeigt. Die Wissenschaft dagegen kann befreit von allen praktischen Zwängen dem Ideal der Wahrheit dienen und sich auf die Suche nach der einzig richtigen Lösung machen. Der Wissenschaftler wird seine Erkenntnis regelmäßig nicht als eine mögliche unter vielen anderen ebenso guten Aussagen über das Recht präsentieren.

Der aufgezeigte theoretische Grundwiderspruch tauchte schon früh bei den Glossatoren auf und spiegelte sich auch in den Literaturgattungen wider. So wurden in sogenannten Quaestionen Fallbeispiele durchgespielt, indem tatsächlich alle Argumente pro und contra für die möglichen Lösungen entwickelt wurden. Diese Texte erscheinen uns heutigen Juristen teilweise etwas merkwürdig, weil häufig verschiedene, sich teils widersprechende Regeln angeführt werden, ohne dass der Autor eine klare Lösung bieten würde. Es handelt sich im Kern um rhetorische Literatur.[14] Zur gleichen Zeit aber versuchten die Glossatoren auch, die Digestenfragmente in eine systematische Ordnung zu bringen, (scheinbare) Widersprüche aufzulösen, alle Parallelstellen zu einem Rechtsproblem zusammenzuführen und „richtige" Lösungen für konkrete Rechtsprobleme zu finden. Zu manchen Streitfragen bildeten sich so herrschende Meinungen, zu anderen ließ sich bloß resignierend eine Vielzahl von *dissensiones dominorum* feststellen.[15]

Die Menge der bekannten und verwendbaren Argumente wurde durch diese wissenschaftliche Arbeit freilich stetig vergrößert. Sie nahm außerdem durch die praktische Tätigkeit der Juristen noch weiter zu. Denn (nicht zuletzt berühmte akademisch tätige) Juristen wurden eben auch zur Streitentscheidung in der Praxis herangezogen und veröffentlichten ihre Entscheidungen in Sammlungen (Konsilien). Überzeugende Entscheidungen wurden dann wie Präjudizien ihrerseits als Argument in folgenden Streitfällen herangezogen. Die Entscheidungen gewannen so selbst Autorität und wurden zu Rechtsquellen, mit denen man sich fortan auseinandersetzen musste. Jede als überzeugend anerkannte Entscheidung konnte zum Ausgangspunkt für die Bildung und Diskussion neuer Fälle werden. So wurde schon im Mittelalter der Stoff immer umfangreicher, die Kommentare wuchsen und dieses Wachstum verstärkte sich damals wie heute selbst.

Ein solches Wachstum kann aber nicht ewig weitergehen, weil der Stoff, d. h. die Menge an möglichen Argumenten irgendwann zu umfangreich wird. Die einzelnen Argumente verlieren in der unübersehbaren Masse ihr normatives Gewicht und die juristische Argumentation wird offenbar willkürlich. In so

---

[14] Vgl. bereits *Otte*, in: Schröder (Hrsg.), Entwicklung der Methodenlehre in Rechtswissenschaft und Philosophie vom 16. bis zum 18. Jahrhundert, 1998, S. 17, 18 ff.

[15] Zu dieser Literaturgattung knapp *Otte* (Fn. 14), S. 19.

einer Situation gibt es grundsätzlich zwei Lösungsstrategien: Man kann kurzfristig versuchen, den vorhandenen Stoff noch einmal besser zu ordnen, alles zu optimieren, und hoffen, dass der Stoff nicht noch weiter zunimmt. Diese Hoffnung ist aber stets vergeblich, weil sich eine Zunahme nur durch ein Ende aller Streitigkeiten verhindern ließe. Langfristig bleibt also nichts anderes übrig, als die entstandene Komplexität radikal zu reduzieren, indem man eine Möglichkeit findet, die angesammelten Rechtsmassen gewissermaßen zusammen zu dampfen.[16]

Matthaeus Gribaldus Mopha, der fortan der Held dieses Vortrags sein soll, lebte in einer Epoche, als das Problem erdrückender Rechtsmassen immer drängender wurde. Seine Studenten kamen damit nicht mehr zurecht und forderten Hilfe ein. Langfristig sollte die Lösung durch den Humanismus und die von ihm angestoßene, vom Naturrecht weiterentwickelte und erst im 19. Jahrhundert vollendete Systembildung des Rechts kommen, durch die der Stoff gegliedert und auf Begriffe verdichtet wurde. So entstand, insbesondere im Zivilrecht, die Dogmatik, von der wir heute noch zehren. Kurzfristig konnte man die Studenten allerdings nicht darauf verweisen, dass man eine Lösung für ihre Probleme in den nächsten vierhundert Jahren schon finden werde. Auch im 16. Jahrhundert mussten Examen geschrieben und bestanden werden und das bedeutete, dass kurzfristige Strategien nötig waren. *Gribaldus* hat dies wohl gar nicht als Gegensatz gesehen.[17] Denn in seinem Werk sind beide Lösungen enthalten und werden gemeinsam durchgeführt. Die dabei auftauchenden Widersprüche ignoriert *Gribaldus* weitgehend und müsste sich insofern wohl berechtigte Kritik gefallen lassen. Seiner gerechten Würdigung stand aber vor allem entgegen, dass man ihn nur als Vertreter der kurzfristigen Lösung wahrgenommen hat, der vergeblich versucht hätte, das Alte zu verteidigen,[18] und nicht hinreichend erkannte, dass *Gribaldus* auch alle neuen Ansätze aufgenommen und (teils als erster) in den juristischen Diskurs eingeführt hat. Der Erfolg seines Lehrbuchs über lange Jahre und viele Auflagen[19] wäre denn auch nicht erklärlich, wenn es eigentlich schon bei Erscheinen veraltet gewesen wäre.

---

[16] Eine dritte Lösung besteht in der Aufgabe originärer juristischer Wissenschaft, indem man die Innenperspektive des Rechts verlässt und sich auf die bloße Beobachtung des Chaos von außen beschränkt. Diese Lösung bestimmt seit den American Realists die amerikanische Rechtswissenschaft.

[17] Grundlegend zu den ersten Systematisierungsversuchen im 16. Jahrhundert *Troje*, in: Blühdorn/Ritter (Hrsg.), Philosophie und Rechtswissenschaft. Zum Problem ihrer Beziehung im 19. Jahrhundert, 1967, S. 63 ff.

[18] Exemplarisch etwa das Urteil von *Savigny*, Geschichte des Römischen Rechts, Bd. 3, 2. Ausgabe 1834, S. 80 über die Distichen *Gribaldus*, die „völlig leer und durchaus unnütz“ seien.

[19] Ausgaben 1544, 1553, 1556, 1559, 1566, 1569, 1572, 1574, 1581; eine knappe Zusammenfassung findet sich bei *Nikolaus Reusner*, Χειραγωγία, s. Cynosura juris, quae est farrago selectissimorum libellorum isagogicorum de juris art. etc. etc., Spirae 1588, S. 110 ff.

III. Matthaeus Gribaldus Mopha, De methodo ac ratione studendi in iure

1. Gribaldus Leben

Matthaeus Gribaldus Mopha wurde in den ersten Jahren des 16. Jahrhunderts in Chieri als zweiter Sohn des Marquis von Ceva geboren. Seine Familie entstammte einem alten piemontesischen Adel.[20] 1535 erwarb er durch Heirat mit der Erbin von Farges Grundbesitz in der Kommune von Gex, die im folgenden Jahr aus der Herrschaft des Herzogs von Savoien in die protestantische Republik Bern überging. So kam *Gribaldus* früh in Kontakt mit reformatorischen Gedanken, die seinen weiteren Lebensweg prägen sollten, und besaß zudem fortan einen sicheren Rückzugsort in der Nähe von Genf.

Gribaldus studierte Jura, wahrscheinlich in Turin, und lehrte anschließend von 1535 bis 1536 in Toulouse, wo u.a. auch *Jean de Boyssonné* zu dieser Zeit angestellt war, mit dem er auch später noch lange in Briefkontakt stand. *Boyssonné* war bereits 1532 wegen Häresie angeklagt worden und vermutlich entfremdete die weitere Verfolgung seines Freundes auch *Gribaldus* von der katholischen Kirche. Um 1542 konvertierte er schließlich zum Protestantismus, blieb aber nach außen dem alten Glauben treu.

Nach weiteren Lehrstationen an französischen Universitäten in Cahors (1537–40), Valence (1540–41) und Grenoble (1543–45) lehrte er seit 1548 an der Universität von Padua.[21] Dort kam er nicht zuletzt durch protestantische Studenten aus Deutschland und der Schweiz weiter in Kontakt mit den neuen, revolutionären Ideen. Als *Gribaldus* miterleben musste, wie ein protestantischer Jurist von der Inquisition verfolgt und verurteilt wurde, in Depressionen verfiel und im Dezember 1548 starb, veröffentlichte er eine Schrift, in der er die Feinde des Evangeliums in Italien anklagte, jemanden gezwungen zu haben, die Wahrheit zu verleugnen.[22] Auf der Suche nach dem wahren Glauben geriet *Gribaldus* ab 1550 unter den Einfluss von *Michael Servet* und dessen antitrinitarische Thesen.[23] Nun musste *Gribaldus* erleben, dass sich die religiöse Intoleranz nicht auf die Papisten beschränkte, sondern Gewalt auch unter den Protestanten verübt wurde. Seinem neu gewonnenen Glauben blieb er dennoch auch nach der von *Calvin* betriebenen Hinrichtung *Servets* 1553 treu und veröffentlichte unter ei-

---

[20] *Ruffini*, Studi sui Riformatori Italiani, 1955, S. 46f.

[21] Zur universitären Laufbahn *Gribaldus* vgl. *Ruffini* (Fn. 20), S. 50f.; *Grendler*, The Universities of the Italian Renaissance, 2002, S. 187f.

[22] *Gribaldus*, Historia de quodam, quem hostes Evangelii in Italia coegerunt abiicere agnitam veritatem, 1549.

[23] Vgl. grundlegend *Servet*, De trinitatis erroribus libri septem, 1531; zu *Servet* einführend *Birnstein*, Toleranz und Scheiterhaufen – Das Leben des Michael Servet, 2012.

nem Pseudonym eine Verteidigungsschrift für *Servet*.[24] Immer mutiger verkündete er die antitrinitarische Lehre und schickte 1554 eine Schrift an die italienische Gemeinde in Genf, in der er die Wesensverschiedenheit von Gott und seinem Sohn Jesus Christus verkündete.[25] 1555 nahm *Gribaldus* einen Ruf des Herzogs *Christoph* von Baden-Württemberg an die Universität Tübingen an, wo er aber wegen seines Glaubens auch nicht lange bleiben konnte. Denn *Calvin* intrigierte gegen ihn bei Herzog *Christoph*, und als *Gribaldus* sich im Juli 1557 vor dem akademischen Senat der Universität rechtfertigen musste, sah er sich zur Flucht zu seinem Berner Besitz Farges gezwungen, musste aber ein Manuskript „De vera cognitione Dei" zurücklassen, das seinen ketzerischen Glauben offenbarte.

Es zeigte sich, dass *Gribaldus* nun selbst in Farges nicht mehr vor Verfolgung sicher war. Als die Berner Behörden ihn verhafteten, schwor er unter Zwang seinem Glauben ab, um der Auslieferung nach Baden-Württemberg zu entgehen. Zur Ruhe kam er freilich auch in den folgenden Jahren nicht. Eine Professur in Grenoble musste er schon nach kurzer Zeit wieder aufgeben. Nach einem vom Ringen um den wahren Glauben geprägten Leben starb *Gribaldus* im September 1564 in Farges an den Folgen der Pest.

2. *De methodo ac ratione studendi in iure*

a) Ein Musterwerk des mos italicus und Gribaldus berühmter Merkvers

Auch wenn die religiösen Auseinandersetzungen *Gribaldus* Lebensweg bestimmten, so war er doch hauptberuflich kein Theologe, sondern Jurist und ein wohl überaus engagierter Lehrer. Bereits 1535 hatten ihn nach eigenem Zeugnis seine Studenten in Toulouse gebeten, dass er etwas über die *ratio studendi* schreiben möge. Dieser Bitte kam er dann 1541 in Valence nach, wo er seine Drei Bücher *De Methodo ac Ratione Studendi* schrieb, die 1544 schließlich veröffentlicht wurden.[26] Das Werk war offenbar ein großer Erfolg. Es gab drei weitere Auflagen zu seinen Lebzeiten und dann noch fünf mehr bis 1581. Eine Kurzfassung wurde zudem 1588 von *Nikolaus Reusner* in seine populäre Sammlung von juristischen Einführungsschriften aufgenommen.[27] Seit der zweiten Hälfte des 16. Jahrhunderts sah man *Gribaldus* Methodenlehre als Musterwerk des *mos*

---

[24] *Gribaldus* (sub nomine Alphonsus Lyncurius Tarraconensis), Apologia pro Michaele Serveto, 1554.

[25] *Gribaldus*, De Deo et Dei Filio, 1554. Diese Schrift war Vorbild für *Gonesius*, De Deo et Filio Eius, um 1560, welche die antitrinitarische Lehre vor allem in den polnisch-litauischen Raum brachte; dazu *Dingel* (Hrsg.), Antitrinitarische Streitigkeiten – Die tritheistische Phase (1560–1568), S. 21 f.

[26] Hier wird die Ausgabe *Gribaldus Mopha*, De Methodo ac Ratione Studendi Libri Tres, Lugduni sub scuto coloniensi, 1544 benutzt.

[27] Siehe oben, Fn. 19.

italicus an. Dies lag vor allem an einem Merksatz, der das Programm des *mos italicus* einprägsam zusammenzufassen schien:

Praemitto, scindo, summo, casumque figuro,
Perlego, do causas, connoto et obiicio.[28]

Diese acht *loci* müsse man nach *Gribaldus* durchlaufen, um zur vollständigen Interpretation *(plena interpretatio)* einer *lex* zu gelangen. Zwar sei dies Programm in Gänze vor allem für die *doctores* notwendig, aber auch für die Studenten sei es bereits von Nutzen. Am Anfang müsse eine Einleitung stehen *(praemitto)*.[29] Danach müssten sinnvolle Unterscheidungen vorgenommen werden *(scindo)*, d. h. solche Unterscheidungen, die der *ratio* der *lex* entsprechen. Was derselben *ratio* folge, dürfe indes nicht künstlich aufgespalten werden.[30] Als dritten Schritt müsse man langatmige Ausführungen in kurzen prägnanten Sätzen zusammenfassen *(summo)*.[31] Diese notwendig abstrakten Sätze müsse man viertens durch Beispiele verdeutlichen *(casumque figuro)*.[32] Als fünftes gelte es, sich mittels einer genauen Lektüre der *lex* und ihres Kontexts ihres Inhalts zu versichern *(perlego)*.[33] Hier müsse man auch untersuchen, inwiefern der Text durch Interpolationen oder Fehler bei der Abschrift korrumpiert worden sei. Sechstens gelte es, sorgfältig die *rationes decidendi* und *dubitandi* der *lex* herauszuarbeiten *(do causas)*.[34] Um nicht beim Wortsinn stehen zu bleiben, sondern zum Geist der *lex* vorzudringen, müsse man siebtens alle einschlägigen allgemeinen *regulae* und sonst bemerkenswerten Informationen, etwa auch Entscheidungen, anführen und die *lex* so in Zusammenhang setzen *(connoto)*.[35] Schließlich müssten achtens auch alle entgegenstehenden Texte und Widersprüche genannt werden *(obiicio)*.[36]

Gribaldus Programm könnte bei geringen Anpassungen auch in der Gegenwart noch als Anleitung für eine Digestenexegese oder allgemein eine juristische Seminararbeit dienen. Aus heutiger Perspektive ist *Gribaldus* Betonung der *ratio* und des systematischen Zusammenhangs bemerkenswert. Insbesondere seine Forderung, sich nicht nur mit der *ratio decidendi*, sondern sich auch mit den gegen eine Entscheidung sprechenden Gründen, d. h. der *ratio dubitandi*, auseinanderzusetzen, erscheint vorbildlich. Allzu häufig wird (nicht nur zu Zeiten *Gribaldus*) vernachlässigt, dass allein eine Auseinandersetzung auch mit allen Gegenargumenten wirklich überzeugend sein kann.

---

[28] *Gribaldus* (Fn. 26), S. 77.
[29] *Gribaldus* (Fn. 26), S. 77 f.
[30] *Gribaldus* (Fn. 26), S. 78 f.
[31] *Gribaldus* (Fn. 26), S. 79.
[32] Ebd.
[33] Ebd.
[34] Ebd.
[35] *Gribaldus* (Fn. 26), S. 80.
[36] Ebd.

Gribaldus Programm lässt sich aber eigentlich auch sonst kaum angreifen. Denn er versucht, mit seinen acht *loci* wirklich alles umfassend zu berücksichtigen, was bei der Interpretation eines Fragments des Corpus Iuris Civilis von Bedeutung sein könnte. Ohne Zögern nimmt er dabei auch die neuesten Erkenntnisse der Textkritik der zeitgenössischen Humanisten auf und integriert sie in sein Schema. *Gribaldus* ist also keineswegs konservativ, sondern erweist sich als Jurist allem Neuen ebenso aufgeschlossen wie in Glaubensfragen. Geschadet hat ihm allerdings im Glauben wie in der Jurisprudenz seine tolerante Grundhaltung. Denn anders als die meisten Humanisten, und vor allem anders als die Vertreter des *mos gallicus* verdammte er seine Vorgänger nicht, sondern erkannte die Leistungen von *Bartolus*, *Baldus* und den übrigen alten Autoritäten ohne Vorurteil an. Auch ihre Interpretationen der *leges* waren, nicht nur nach *Gribaldus* Ansicht, bedeutsam und hatten in der Praxis längst den Status einer Rechtsquelle erlangt.

Die angestrebte Vollständigkeit des gribaldischen Programms konnte aber zumindest langfristig nicht durchgehalten werden. Schon bei der näheren Erläuterung seiner *loci* in den übrigen der Methodik gewidmeten Kapiteln des Ersten Buchs sieht *Gribaldus* sich immer wieder zu Kompromissen gezwungen, die im Zweifel doch auf eine einfache Anwendung der alten Autoritäten hinauslaufen. Vor allem deshalb spielen für ihn *loci communes* (Gemeinplätze) und *sedes materiae* als Hilfen für das Gedächtnis eine so große Rolle.[37] Wissen und Kenntnis der Autoritäten hat am Ende trotz aller entgegenstehenden theoretischen Beteuerungen doch in der Praxis den Vorrang vor Verständnis und eigenständiger Arbeit an und mit den Rechtsquellen. Die vorsichtigen Systematisierungsversuche *Gribaldus* waren sicher kurzfristig hilfreich, konnten langfristig aber nicht genügen, und die gewaltig anmutende Sammlung an *loci communes* im Zweiten Buch war wohl Ende des 16. Jahrhunderts längst überholt und durch noch eindrucksvollere Sammlungen abgelöst worden.

b) Aufbau und Inhalt der libri tres

Der berühmte Merkvers und die Erläuterungen dazu nehmen nur einen geringen Raum, nämlich vier von dreihundert Seiten, in den drei Büchern des gribaldischen Methodenlehrbuchs ein. Die Aufteilung des Werks erscheint für den modernen Leser gleichwohl zumindest ungewöhnlich. Denn ein echtes Lehrbuch der Methode ist nur das Erste Buch. Die nahezu hundert Seiten des Zweiten Buchs sind dagegen eine Sammlung von Gemeinplätzen, die *Gribaldus* den überkommenen Autoritäten entnommen hatte, die sie wiederum aus den Fragmenten des Corpus Iuris Civilis abgeleitet hatten. Zwar beginnt *Gribaldus* die Sammlung mit einigen einfachen bzw. vereinfachten Begriffen der aristoteli-

[37] Ausführlich *Gribaldus* (Fn. 26), S. 93 ff.

schen Philosophie.[38] Aber *Gribaldus* nutzt diese Begrifflichkeit nicht für eine tiefere systematische Ordnung, sondern sortiert seine Gemeinplätze letztlich einfach unter alphabetisch angeordnete Schlagwörter.

Noch merkwürdiger als die Sammlung von Gemeinplätzen im Zweiten Buch mutet das Dritte Buch an, in dem *Gribaldus* als Dichter auftritt und sich als humanistischer *uomo universale* präsentiert. Auch *Gribaldus* schien es erklärungsbedürftig, warum er am Ende seines Lehrbuchs noch fünfzig Seiten mit Gedichten anfügte. Er rechtfertigte sich, indem er ein menschliches Bedürfnis nach Ablenkung, Schönheit und Poesie anerkannte, das freilich grundsätzlich dem Erfolg eines ernsthaften Studiums entgegenstünde. Bereits ganz am Anfang seines Lehrbuchs hatte er von seinen Studenten gefordert, dass sie sich für die Zwecke echter Wissenschaft von allen Affekten und allem Begehren befreien und sich ganz und gar dem Studium hingeben müssten, „so dass kein anderes Treiben euren Eifer unterbricht, kein Reiz einer anderen Disziplin (außer zur Erholung) euer Gemüt ablenkt“[39]. Ganz so streng war *Gribaldus* im Weiteren freilich nicht, da er erkannte, dass auch die Lektüre nichtjuristischer Autoren in der Freizeit und die dadurch gewonnene Allgemeinbildung für einen Juristen wichtig sein könne.[40] Noch besser könne man die Zeit zur Erholung aber nutzen, erfährt der Leser nun im Dritten Buch, indem man die von *Gribaldus* in Gedichtform gefassten Interpretationen einzelner *leges* liest oder selbst solche Gedichte über juristische Themen schreibt.[41]

Vor dem Dritten Buch und dem Vergnügen steht aber die Arbeit und die eigentliche Methodenlehre, welche *Gribaldus* im Ersten Buch entwickelt hat. Dabei beginnt er ganz grundsätzlich mit der Unterscheidung zwischen Mensch und Tier. Denn der Mensch unterscheide sich vom Tier durch seine *ratio*, die ihn von Natur aus nach Wissen streben lasse. Das Ziel alles Wissens *(scientia)* aber sei Wahrheit *(veritas)* und man könne nichts Süßeres besitzen. Um in den Besitz solcher Wahrheit zu gelangen, müsse die Seele aber frei sein. Frei könne indes nicht sein, wem seine Affekte befehlen oder wen seine Begierden beherrschen.[42] Daraus folgt die bereits erwähnte Forderung an die Studenten, sich voll und ganz dem Studium und der Wissenschaft hinzugeben.

Wissenschaft setze nun Ordnung voraus, indem von den höchsten *generalia* sukzessive zu den *specialia* und *singularia* abzusteigen sei.[43] Es gelte also bei jeder *ars*, sich der Grundlagen zu versichern, bevor man sich den *species* zuwenden könne. *Gribaldus* erkennt eine moralische Grundlage der *disciplina legalis*,

---

[38] *Gribaldus* (Fn. 26), S. 159: „Transcendentia naturalia: Ens, Unum, Res, Bonum, Verum; Praedicabilia: Genus, Species, Differentia, Proprium, Accidens; Praedicamenta: Substantia, Quantitas, Qualitas, Ad Aliquid, Ubi, Quando, Situs, Habere, Facere, Pati“ usw.

[39] *Gribaldus* (Fn. 26), S. 9.

[40] *Gribaldus* (Fn. 26), S. 127 ff.

[41] *Gribaldus* (Fn. 26), S. 253 ff.

[42] *Gribaldus* (Fn. 26), S. 5.

[43] *Gribaldus* (Fn. 26), S. 9.

die er als *ars boni et aequi* ansieht, durch die wir vor Schlechtem geschützt werden und zum Guten gelangen.[44] Die Beherrschung dieser Kunst des Billigen und Gerechten kennzeichnet die Arbeit aller (guten) Juristen, wie *Gribaldus* mit einer langen Liste von Digestenstellen belegt.

Gribaldus gesteht ein, dass diese Liste eigentlich ungenügend ist, da es nicht auf das Wissen irgendwelcher Schlagwörter, sondern auf die Kenntnis der Gründe *(causae)* ankäme. Die Kenntnis dieser Gründe sei wichtiger als die der Folgerungen *(effectus)*, da die Folgerungen unendlich seien, die Zahl der universalen Gründe aber feststehe und begrenzt sei.[45] Für das Recht bedeutet dies aus Sicht *Gribaldus*, dass man sich auf die Gründe und *rationes* konzentrieren müsse, die *maiores nostri*, d.h. unsere Vorfahren, und zwar vor allem die römischen Juristen, formuliert hätten. Es spräche eine Vermutung dafür, dass sie nichts ohne *ratio* verfasst hätten. *Gribaldus* vergleicht die Entscheidungen der römischen Juristen selbst mit dem phytischen Orakel. Hiermit und mit einer erneut langen Liste von Digestenstellen wird die Autorität der Quellen begründet.

Gribaldus betont anschließend noch einmal, dass es nicht genüge, Definitionen auswendig zu lernen, sondern dass alles am Verständnis der Gründe und *rationes* hänge. Dies Verständnis soll vor allem die Beherrschung des Stoffes erleichtern und zur Komplexitätsreduzierung beitragen. Denn wer eine einzelne Entscheidung verstünde, der könne nur eben diesen Einzelfall lösen. Wer aber die *ratio decidendi* begriffen habe, der könne unzählige Fälle mithilfe derselben *ratio* lösen.[46]

Gribaldus hält die Kenntnis der Gründe und *rationes* für das Verständnis des Rechts aber noch nicht für ausreichend. Vielmehr müsse man auch noch die Zweifel kennen. Denn bei jeder *lex* ließe sich die Entscheidung des Texts in Frage stellen. Freilich seien nicht alle Fragen gleich gut, sondern es gäbe auch dumme Fragen, und so müsse man die Gründe für Zweifel verstehen.[47] Vollständiges Verständnis umfasse also die *ratio decidendi* und die *ratio dubitandi*. Auch hier müsse man sich an den römischen Juristen orientieren.

Gribaldus sieht in der Auseinandersetzung mit (scheinbaren) Widersprüchen eine Möglichkeit, zur Klarheit zu gelangen.[48] Denn durch die Auflösung dieser Widersprüche würden die Begriffe geschärft und man gelangte zur Wahrheit.[49] Diese Arbeit sei bereits von vielen bedeutenden Autoren, vor allem *Cynus*, *Bartolus* und *Baldus*, wenigstens teilweise geleistet worden. Durch das Studium

[44] *Gribaldus* (Fn. 26), S. 10.
[45] *Gribaldus* (Fn. 26), S. 18.
[46] *Gribaldus* (Fn. 26), S. 27 f.
[47] *Gribaldus* (Fn. 26), S. 29.
[48] *Gribaldus* (Fn. 26), S. 33.
[49] *Gribaldus* (Fn. 26), S. 34 unten unter Verweis auf *Aristoteles*.

ihrer Werke könnten die Schüler dann über diese Werke hinausgelangen, und das sei schließlich das größte Glück für jeden Lehrer.[50]

Die Rechtsquellen allein (wohl ganz zu schweigen von der angesammelten Sekundärliteratur) seien indes viel zu zahlreich, als dass das Gedächtnis sie alle leicht behalten könne. Daher hätten die Juristen Regeln formuliert, die man leichter behalten und anwenden könne. Denn um eine Rechtsfrage mit den *leges* zu lösen, müsse man viele Worte aufwenden und komplizierte Überlegungen anstellen und käme dann trotzdem nicht zu einem eindeutigen Ergebnis. Mit einer Regel könne man aber einen einfachen und zwingenden Syllogismus bilden.[51] Solche Regeln könnten sich aus Wörtern *(verba)* oder aus dem Geist *(mens)* der *leges* ergeben.[52] Als Quelle aus dem Wort sieht *Gribaldus* insbesondere D. 50.17 und Responsen der Kaiser und Rechtsgelehrten. Sehr viel schwieriger sei es, die Regeln aus dem Geist der Texte zu entnehmen, denn hier hänge alles von *ingenio et speculatione* ab. Man expliziere nicht, was der jeweilige Autor gesagt, sondern was er gemeint oder gefühlt habe.[53] In dieser Kunst seien *Bartolus* und *Baldus* überragend gewesen. *Gribaldus* führt eine Reihe von Beispielen an, sagt aber auch, dass bereits die Glossatoren eine Vielzahl solcher Regeln entwickelt hätten.[54] Dies sei aber schließlich auch die eigentliche Aufgabe aller Juristen von Beginn des Studiums.[55]

Wenn die Regeln für das Verständnis des Rechts so wichtig sind, muss *Gribaldus* erklären, warum die römischen Juristen gleichwohl hauptsächlich mit der Lösung von Einzelfällen beschäftigt sind. Er führt dafür zwei Gründe an: Erstens seien sie, nachdem sie mit dem kaiserlichen *ius respondendi* ausgestattet worden waren, mit Fragen zur Lösung von Einzelfällen überschüttet worden. Und zweitens hätten die römischen Juristen die Gefahr abstrakter Definitionen und Regeln erkannt, die schon durch ein einziges Gegenbeispiel widerlegt werden könnten. Weil aber jede wahre Wissenschaft nach der Kenntnis der *universalia* strebe, müssten der Eifer und die Mühe aller Studenten trotz dieser Gefahr danach gehen, aus den *leges* solche allgemeinen Regeln zu entnehmen und das durch soviele Einzelheiten zerstreute *ius civile* zu einer kurzen *ars* und Methode zu bringen.[56] Das ist nun keine neue Idee *Gribaldus*, sondern war schon ein Ideal *Ciceros*, das dieser selbst als Arbeitsprogramm gegen die Juristen seiner Zeit formulierte[57] und das nun unter den Humanisten wieder aufgegriffen wurde und langfristig zur Bildung unseres dogmatischen Systems führen sollte. Von

---

50 *Gribaldus* (Fn. 26), S. 36.
51 *Gribaldus* (Fn. 26), S. 38.
52 *Gribaldus* (Fn. 26), S. 39.
53 *Gribaldus* (Fn. 26), S. 46.
54 *Gribaldus* (Fn. 26), S. 49.
55 Ebd.: „ex mente iurisconsultorum, illorum responsa ad breves formulas reducere".
56 *Gribaldus* (Fn. 26), S. 72: „ad brevem artem, methodumque redigere".
57 Dazu etwa *Harries*, Cicero and the Jurists, 2006, S. 131.

einer solchen Systematik war *Gribaldus* aber noch weit entfernt und er unternahm auch keinen entsprechenden Versuch.

Neben all dem bisher Gesagten hielt *Gribaldus* im Studium vor allem häufige *disputationes* für unabdingbar. Sie förderten den Verstand, das Gedächtnis, die Sprach- und die Schlagfertigkeit, den Mut und das Vertrauen und, was am meisten sei, die Wahrheit. Alles Wissen brauche die praktische Anwendung *(exercitium)*. *Gribaldus* bringt hier die Fabel vom Fuchs und dem Löwen: Bei der ersten Begegnung fürchtete sich der Fuchs zu Tode; bei der zweiten schon weniger; und beim dritten Treffen fasste der Fuchs sich ein Herz und unterhielt sich mit dem Löwen. In diesem Sinne empfiehlt *Gribaldus* den Studenten, sich eine Gruppe gleichgesinnter Kommilitonen zu suchen und mit ihnen über die *leges*, das Zivilrecht und die Gründe und *rationes* zu diskutieren, und zwar möglichst bei jeder Gelegenheit.[58]

Gribaldus ist nun endgültig in der Praxis angekommen und ein besonders großes und bis jetzt noch nicht direkt angegangenes Problem stellte nun einmal (nicht nur) für seine Studenten die schier unendliche Stofffülle dar. Angesichts dieser Masse an Büchern und Autoren empfiehlt er seinen Lesern, sich auf die wenigen bedeutendsten unter ihnen zu beschränken. *Gribaldus* zitiert hier eine Auswahl *Andrea Alciats*, der an erster Stelle *Bartolus* und *Baldus* nannte, die auch für *Gribaldus* grundsätzlich die größte Autorität besitzen. So stellte er *Bartolus* in einem Distichon als den Fahnenträger dar, dem man niemand ohne Irrtum vorziehen könne.[59]

Die Autorität der großen Autoren des Mittelalters wurde allerdings durch die von den Humanisten gerade neu entdeckte Geschichtlichkeit der Quellen in Frage gestellt. Auch *Gribaldus* ist sich dieser Geschichtlichkeit der überlieferten Texte durchaus bewusst. Die Aussagen der römischen Juristen haben für ihn zwar nichts an Bedeutung verloren, aber er weist darauf hin, dass sie durch die Kompilatoren verfälscht worden sind. *Gribaldus* kennt die neuesten Werke von *Alciat*, *Budé*, *Zasius* und die Editionen *Haloanders*.[60] Er fordert seine Studenten auf, zwischen den Fragmenten der Juristen und den Zusätzen der Kompilatoren mit feinem Urteil *(subtili iudicio)* zu unterscheiden, wozu ein umfangreiches Wissen des historischen Kontexts nötig sei.[61]

Wenn sich nun herausstellt, dass ein Text verfälscht worden war, mussten allerdings auch die großen Autoren der Rezeption Fehler gemacht haben. *Gribaldus* gibt das auch zu und macht sich sogar über die Fehler der früheren Juristen-

[58] *Gribaldus* (Fn. 26), S. 74.

[59] *Gribaldus* (Fn. 26), S. 293 („Militiae vexilla sacrae fert Bartolus: errat / Qui sibi vult alium praeposuisse ducem").

[60] *Gribaldus* (Fn. 26), S. 84.

[61] *Gribaldus* besaß dieses Wissen selbst nicht unbedingt. Vgl. für eine Kritik seiner Textkritik *Troje*, Graeca leguntur, 1971, S. 123 ff.

generationen lustig,[62] aber er sieht nicht, wie sehr das die Autorität der von ihm zuvor als nahezu unantastbar dargestellten Juristen untergräbt. *Gribaldus* gibt keine Lösung für seine in der Praxis widersprüchlichen Forderungen, einerseits die großen Autoren als Autoritäten zu studieren und andererseits stets kritisch zu hinterfragen. *Gribaldus* meint, dass sich beides vereinbaren lässt, was theoretisch sicher möglich ist, praktisch aber von Studenten nicht geleistet werden konnte. Hinzukommt, dass aus Sicht der Praxis keineswegs klar war, welcher Text und welches Verständnis von ihm denn nun richtig ist. Denn als verbindliche Rechtsquelle der Zeit fungiert die Vulgata mit ihrem Text in dem Verständnis durch die Glossatoren und Kommentatoren als Gemeines Gewohnheitsrecht. In der Praxis wandte man daher auch weiter einen orthodoxen *mos italicus* ohne die humanistischen Neuerungen an, die *Gribaldus* eigentlich vorsah.

Wenn Jura die Kunst des Guten und Gerechten ist, dann muss es das Ziel jedes Juristen sein, diesem Guten und Gerechten in jedem Fall zum Sieg zu verhelfen. Eine strenge Gesetzesbindung ist mit diesem Ziel nicht vereinbar. *Gribaldus* hält sich indes nicht mit solchen theoretischen Feinheiten auf, sondern schließt an seine bisherigen Überlegungen zur richtigen Interpretation der *leges* recht unvermittelt rein rhetorische Ausführungen zum Wert und zur Bedeutung der *loci communes* und der *sedes materiarum* an.[63] Die *loci communes* seien die Gemeinplätze, die den Geist anregten und ihn zur Wahrheit führten, d.h. dorthin, wo das Gute und Gerechte ist. Auch die Kraft *(vis)* der Gesetze offenbare sich erst in der Applikation unter Heranziehung dieser *loci*.[64]

Das juristische Unternehmen erweist sich damit als eine argumentative Wissenschaft, in der es gilt, die Menge der Autoritäten, d.h. vor allem der *leges*, mithilfe der Gemeinplätze zur Begründung eines guten und gerechten Ergebnisses zu nutzen. Die Argumentation wird dabei umso besser, je mehr *leges* und je mehr Gemeinplätze man kennt: Es komme also (nicht nur, aber auch) stark auf Wissen und ein gutes Gedächtnis an. Diesem Gedächtnis sollen nun die *sedes materiarum* helfen.[65] Nach diesen abstrakten Ausführungen bringt *Gribaldus* eine erste Liste mit rhetorischen Gemeinplätzen, die vor allem allgemeine Argumentationsfiguren wie das *argumentum ab effectu*, *a contrario*, *ab authoritate* usw. recht unsystematisch in alphabetischer Reihenfolge aufführt. *Gribaldus* bemüht sich auch nicht, die Gemeinsamkeiten einzelner überkommener Argumentationsfiguren herauszuarbeiten, so dass es zu zahlreichen inhaltlichen Überschneidungen kommt. Auf die Gemeinplätze folgt eine Liste von 100 *sedes materiarum*. Es handelt sich hierbei um Nachweise zu Fundstellen aus dem Corpus Iuris Civilis und antiken, aber auch jüngeren Schriften aller Art, an

---

[62] *Gribaldus* (Fn. 26), S. 85 ff. (Kapitel XVI).

[63] *Gribaldus* (Fn. 26), S. 93 ff. (Kapitel XVII).

[64] *Gribaldus* (Fn. 26), S. 94.

[65] *Gribaldus* (Fn. 26), S. 94 (*memoria*, „quae in viro professore ob scriptorum multitudinem magis, quam in alio hominum genere desideratur“).

denen bestimmte Probleme besonders gut untersucht und diskutiert worden sind. *Gribaldus* betont, dass diese Liste keineswegs abschließend sei, sondern fordert den studentischen Leser zur selbständigen Ergänzung auf.[66] Überhaupt lassen sich wahres Können und Verständnis nach *Gribaldus* nur durch eigene Arbeit erwerben. Jeder Student müsse sich daher selbst ein Repertorium der wichtigsten Regeln, Zitate usw. erstellen und alle Texte darin nach einer eigenen Struktur ordnen, die dem jeweils eigenen Verständnis entspricht.[67] Die von *Gribaldus* selbst im Zweiten Buch entworfenen Listen an Gemeinplätzen und seine grobe Systematik sind somit nur als unvollständige und unverbindliche Vorschläge zu verstehen.

IV. Zusammenfassung und Ausblick

Eine erfolgreiche Methode muss stets einen möglichst einfachen und gut gangbaren Weg zeigen, auf dem man sicher zu dem gewünschten Ziel gelangt. *Matthaeus Gribaldus Mopha* war von seinen Studenten gebeten worden, ihnen eine Methodenlehre zu schreiben, mit deren Hilfe sie das Ziel ihres Studiums erfolgreich erreichen würden. Dieses Ziel war damals wie heute ein doppeltes: Erstens ging es darum, die Prüfungen des Studiums zu bestehen. Allerdings war das Studium auch im 16. Jahrhundert kein Selbstzweck. Die meisten Studenten lernten Jura, weil sie anschließend praktisch tätig werden und Rechtsstreitigkeiten lösen bzw. sonstige Rechtsfragen in der Praxis beantworten wollten. Zweites und eigentliches Ziel des Studiums war also eine Anleitung für eine erfolgreiche juristische Tätigkeit in der Praxis.

Gribaldus Methodenlehre unterscheidet nicht ausdrücklich zwischen den beiden aufgezeigten Zielen. Seine Ausführungen erwecken vielmehr den Eindruck, dass es nur ein Ziel und damit auch nur eine Methode für die Juristen gäbe. Insofern ähnelt die Methodenlehre *Gribaldus* den Methodenlehren der Gegenwart, die ebenfalls nur ein Ziel und eine Methode juristischer Arbeit kennen. Im Unterschied zu den modernen Methodenlehren ist *Gribaldus* in den Inhalten seiner Methodenlehre aber viel breiter. Er versucht, alle methodischen Ansätze seiner Zeit zu vereinen und auch die neuesten Erkenntnisse zu integrieren. Theoretisch kann das nicht überzeugen und muss zu Widersprüchen führen, etwa wenn einerseits die traditionellen Autoritäten weiter gelten sollen, sie andererseits aber wegen ihrer naiven Textgläubigkeit im Wortsinne lächerlich gemacht werden. Auch kann *Gribaldus* das Grundproblem des juristischen Studiums, d.h. den stetig wachsenden Stoff nicht in den Griff bekommen, wenn er an allen alten Autoritäten festhält und ihnen mit seinen eigenen Überlegungen

---

[66] *Gribaldus* (Fn. 26), S. 121.
[67] *Gribaldus* (Fn. 26), S. 142 ff.

sogar noch neues Material hinzufügt. Langfristig konnte die Lösung nur in einer radikalen Vereinfachung und Reduktion von Komplexität, d. h. eine Zusammenfassung der Masse an Einzelentscheidungen und Regeln durch dogmatische Strukturen und Prinzipien bestehen. Dies ist freilich nicht die Aufgabe einer Methodenlehre, sondern muss von den Rechtswissenschaftlern zu allen Zeiten immer wieder von Neuem geleistet werden. Auch wir sind heute wie die Juristen des 16. Jahrhunderts aufgefordert, uns der nur scheinbar unaufhaltsam steigenden Flut an juristischen Texten entgegenzustemmen und sie in geordnete Kanäle zu lenken, damit wir uns festen Boden unter den Füßen bewahren und bei unseren Entscheidungen nicht willkürlich schwanken. Die Methodenlehre kann und muss uns dabei helfen, unsere jeweiligen Ziele möglichst nachvollziehbar, planmäßig, sicher und gut zu erreichen. Dabei sollten wir wie *Gribaldus* auf alle Aspekte eingehen, die zum Erreichen unserer Ziele notwendig sind und uns nicht ausschließlich auf ein einzelnes Teilziel konzentrieren, wie es die meisten juristischen Methodenlehren gegenwärtig tun. Juristen müssen sehr viel mehr können, als nur Gesetze auszulegen, um erfolgreich arbeiten zu können. Und Arbeit gab und gibt es für Juristen genug.

Iudex non calculat

Uwe Wesel

Diesen Satz, *iudex non calculat*, kennt jeder halbwegs gebildete Jurist. Niemand weiß, woher er kommt. Man weiß also noch nicht mal, wer es war, der das geschrieben oder formuliert hat, aber normalerweise übersetzt man das nicht mit Richter *(iudex)*, sondern sagt einfach nur: Juristen brauchen nicht zu rechnen.

Ich fange an mit *Detlef Liebs* aus Freiburg und seinen Lateinischen Rechtsregeln und Rechtssprichwörtern. Dort sagt er:

„Der Richter rechnet nicht. Rechnen ist nicht Aufgabe des Richters; reine Rechenarbeit im Urteil erwächst nicht in Rechtskraft, ein dabei unterlaufener Fehler kann jederzeit berichtigt werden."

Damit bezieht er sich auf einen Satz des Juristen *Macer*, das ist ein Spätklassiker, schreibt also unter *Caracalla* bis *Alexander Severus*. Das ist der Digestentitel 49.8 – *Quae sententiae sine appellatione rescindantur*:

1 Macer libro secundo de appellationibus pr. … Item si calculi error in sententia esse dicatur, appellare necesse non est: veluti si iudex ita pronuntiaverit: ‚Cum constet Titium Seio ex illa specie quinquaginta, item ex illa specie viginti quinque debere, idcirco Lucium Titium Seio centum condemno' nam quoniam error computationis est, nec appellare necesse est et citra provocationem corrigitur. …

Da wird behandelt, welche Urteile aufgehoben werden können, ohne dass man eine Berufung eingelegt hat, auf Deutsch gesagt. Und dann heißt es eben: Auch wenn der Richter in einem Urteil einen Rechenfehler gemacht hat, „*appellare necesse non est*", braucht man Berufung nicht einzulegen.

Jetzt kommt das berühmte Beispiel: „*si iudex ita pronuntiaverit*", wenn ein Richter so das Urteil formuliert hat: „*item ex illa specie viginti quinque debere*". Da feststeht, dass Titius Seius aus dem einen Titel fünfzig schuldet und aus dem anderen Titel fünfundzwanzig, deswegen verurteile ich (d.h. der Richter) nun den Titius Seius zu einhundert. Dann heißt es weiter: Wenn es ein Rechenfehler ist, braucht nicht Berufung eingelegt zu werden, sondern man kann das ohne Berufung, einfach von der Kanzlei – wir befinden uns im spätantiken Kognitionsprozess – berichtigen lassen. Ich frage mich allerdings, warum *Detlef Liebs* hier dieses Beispiel gebracht hat, denn der Richter hat ja gerechnet. Er hat nur falsch gerechnet. Insofern passt das Beispiel doch gar nicht so richtig.

Diese Zuschreibung zu *Macer*, die wird immer wieder genannt, wenn Sie irgendwo nachgucken. Die meisten beziehen sich auf diesen Text bei *Macer*. Dann nennt *Liebs* noch die Paulussentenzen, das ist aber nur eine Kurzfassung der *Macer*-Stelle, ohne das Beispiel, die ich Ihnen jetzt erspare. Und er nimmt noch den § 319 ZPO, der ist bekannt:

„Schreibfehler, Rechenfehler und ähnliche offenbare Unrichtigkeiten, die in dem Urteil vorkommen, sind jederzeit von dem Gericht auch von Amts wegen zu berichtigen."

Man braucht also auch heute nicht Berufung einzulegen.

Das ist die Analyse, die allgemein immer gegeben wird. Es gehe um den Rechenfehler oder Kalkulationsirrtum, *error calculi*. Hier heißt es aber nicht *error calculi*, sondern *errror computationis*. Daran erkennen Sie schon: *iudex non calculat* kann nicht klassisches römisches Recht sein, denn „rechnen" heißt für den klassischen Juristen *„computare"*, nicht *„calculare"*. *Calculare* kommt erst Ende des vierten Jahrhunderts auf, das können Sie bei *Georges* nachgucken, im Lexikon; *calculare* kommt nicht vor. *Error calculi* kommt vor; dazu gibt es einen sehr schönen Aufsatz von *Theo Mayer-Maly*, aus Salzburg, in der Festschrift für *Hubert Niederländer* (1991). Da schreibt er den schönen Satz: Das sind alles „Fälle, in denen es um die Berichtigung eines Irrtums beim Rechnen ging" und dabei im Wesentlichen bei Gerichtsurteilen. Und dann sagt *Mayer-Maly* auch noch, diese „Parömien *error calculi non nocet* und *iudex non calculat* stammen zwar erst aus dem Mittelalter, entsprechen aber der Grundhaltung der antiken Quellen". Er rechnet sie also dem Mittelalter zu.

Was macht *Uwe Wesel*? Er guckt erst mal nach bei dem Philologen *Paul Gerhard Schmidt*, ein sehr verdienstvoller Mann, mit seinem riesen Werk über lateinische Sprichwörter und Sentenzen des Mittelalters und der frühen Neuzeit (1983, 8. Teil). Zu *iudex* finden Sie 13 Hinweise und das meiste Juristische bezieht sich auf *Jan Gruter*, aber es findet sich nichts zu *iudex non calculat*. *Gruter* war ein humanistischer Jurist, auf den man sich verlassen kann. Hat gelernt in Oxford und bei *Donellus* in Leiden. Wenn der nichts bringt, dann können wir eigentlich davon ausgehen, dass es zu seiner Zeit nichts gab. Meiner Meinung nach kann man sogar mit völliger Sicherheit sagen, dass die Parömie jedenfalls nicht aus dem Mittelalter stammt.

Dann muss ich Ihnen noch sagen, was ich noch alles durchgesehen habe. Das kann ich schnell machen. Das fängt an mit *Erasmus von Rotterdam*, seinen „Adagia", die berühmten Sprichwörter, eine riesen Ausgabe. Es hat mich alleine einen ganzen Tag gekostet, das Ding durchzugucken; alles auf Latein – so gut ist mein Latein auch nicht mehr – und mit Erklärungen; auf Deutsch gesagt: *Erasmus* fällt raus.

Dann bin ich in die frühe Neuzeit gegangen: *Hugo Grotius*, *Benedikt Carpzov*, *Samuel Pufendorf*. Zu *iudex non calculat*? Nichts. Möglicherweise anderes, darüber sprechen wir vielleicht nachher, aber das zählt hier nicht. Dann kommt noch *Justus Henning Böhmer*, also Anfang des 18. Jahrhunderts, mit einem extra Abschnitt, der sehr lang ist: „*De diversis regulis iuris antiqui*" („über verschiedene Regeln des alten Rechts"): Nichts, gar nichts. Und was ich dann auch noch nachgesehen habe, sind englische juristische Sprichwörter, „Latin for lawyers" von *Jackson* (Erstausgabe 1915) und *Herbert Broom*, „A selection of legal maxims" (Erstausgabe 1845): Nichts.

Damit sind wir schon ziemlich weit und kommen zu *Felix Frommelt*. Der hat geschrieben: „Regulae Iuris", 1878. Sehr ausführlich. 155 Seiten erschienen in Leipzig in einem Verlag, von dem ich noch nie gehört habe (Weiss & Neumeister). *Frommelt* lebte von 1842 bis 1886, war Jurist mit Referendars- und Assesorexamen, auch promoviert, und im Konsulardienst bei *Otto von Bismarck*. Er hat dieses Buch geschrieben und noch ein anderes, „Florilegium latinum". Wenn Sie das durchsehen, dann kommt der *iudex* sehr häufig vor. Das fängt an auf Seite 70, über Seite 71, bis zur Seite 72. Da ist es dann zu Ende und das Ergebnis ist: *nothing* oder *nihil*. Das ist 1878. Jetzt bin ich schon im 19. Jahrhundert. Und dann *Rudolf Bovensiepen*. Er lebte von 1877 bis 1947, war ein Oberlandesgerichtsrat in Kiel, nach dem Krieg, in Schleswig-Holstein, Richter in einer Entnazifizierungskammer. Er war von den Nazis als Richter in Kiel, als Oberlandesgerichtsrat, entlassen worden. Wahrscheinlich war er ein Sozialdemokrat, aber das kann man nicht mehr sicher feststellen. Er hat ein Buch geschrieben: „Zur Erneuerung der deutschen Zivilrechtspflege", erschienen im Jahr 1915. Und zwei dünne Hefte lateinische Rechtssprichwörter. Die erste Auflage 1922: Nichts. Aber, zweite Auflage, 1932: Da kommt es zum ersten Mal vor. Also ich habe ungefähr zwei bis drei Wochen gesucht – *iudex non calculat*!

Das erste, was ich gefunden habe, ist also *Rudolf Bovensiepen*, zweite Auflage 1932 und da können Sie lesen: *iudex non calculat*, Nummer 92 auf Seite 40. *Bovensiepen* erklärt das auch ein bisschen genauer als *Liebs*:

> „Die Festsetzung der Gerichtskosten beim Straf- und Zivilprozess erfolgt nicht durch das Gericht, sondern durch den Urkundsbeamten der Geschäftsstelle des Gerichts."

Ok. „Aktuar oder Justizobersekretär, Justizinspektor" und so weiter. Da kommt es zum ersten Mal vor.

Nach dem Vortrag hat mir ein anderer Referent über *Susanne Hähnchen* zwei andere Nachweise zugeschoben, einen juristischen und einen medizinischen. Die sind nicht unwichtig, denn sie sind älter als *Rudolf Bovensiepen*. Also der erste: „Die Geschäftsordnung für die Gerichtsschreibereien der Preußischen Amtsgerichte, erläutert von *Willibald Peters*, Kammergerichtsrath" 1. Aufl. 1894. Aus Seite 45 heißt es:

> „Die wesentlich altpreußische Einrichtung der „Kalkulatur" ist Ausfluß des – in seiner Allgemeinheit übrigens nicht zutreffenden – Satzes: „Iudex non calculat".

Da haben wir nun den bisher ältesten juristischen Nachweis durch Kammergerichtsrat *Willibald Peters*, 1894. Und er bestätigt die Meinung seines Oberlandesgerichttskollegen *Bovensiepen*. Nach beiden habe der Satz den Sinn, dass nicht der Richter die Kosten festsetzt, sondern ein Urkundsbeamter der Geschäftsstelle des Gerichts oder – *Peters* – ein dafür besonders bestellter „Kalkulator". Aber weder das eine (1894) noch das andere (Gerichtskosten nicht durch den Richter) muss endgültig sein. Für das Datum beweist dies der medizinische Nachweis.

Es ist ein Aufsatz aus den Annalen des Charité-Krankenhauses zu Berlin, 1852, Seite 216 mit dem Titel „Zur Lehre von der zu kurzen und zu langen umschlungenen und vorgefallenen Nabelschnur" von *J. H. Schmidt* und man weiß als Jurist nicht genau, ob das ganz ernst gemeint ist oder nur eine Parodie. Aber das wissen die Mediziner ja auch nicht, wenn sie unsere juristischen Aufsätze lessen. So what. Jedenfalls hier steht er am Anfang, der Satz:

„Iudex non calculate – vom Arzte möchte man dasselbe sagen."

Also 1852, das bisher früheste Datum. Die Forschung schreite voran. Man darf gespannt bleiben.

Methodisch könnte ich noch sehr viel sagen. Ich habe vor über 40 Jahren etwas zur Methode der Rechtsgeschichte geschrieben, kurz nach meinem Rücktritt als Vizepräsident der Freien Universität, 1974, in Tübingen. Daran habe ich mich hier aber nicht gehalten. Hat furchtbare Aufregung gegeben damals. Seitdem gelte ich als Marxist. Das ist ja auch eine gewisse Ehre.

Ich muss Ihnen dazu jetzt noch etwas anderes erzählen, nämlich eine gewisse Parallele in der juristischen Welt, auch aus dieser Zeit. Zwischen dem Ende des 19. und am Anfang des 20. Jahrhunderts. Das beginnt mit der Steuerreform des preußischen Finanzministers von *Miquel*. Der hat damals zum ersten Mal die alte Kopfsteuer, die in Preußen auf ungefähr fünf Klassen verteilt war, abgelöst und durch unsere moderne Einkommensteuer ersetzt. Es wurden nicht mehr feste Summen verlangt, sondern jetzt wurde berechnet: Was hat der Bürger eingenommen und was hat er wieder ausgegeben? Da musste man rechnen. *Miquel* war zwar Jurist, aber die deutschen Anwälte, die an sich, seiner Meinung nach, dazu berufen gewesen wären, haben sich damit nicht weiter beschäftigt, sondern das ganze Geschäft der Anfertigung von Steuererklärungen, die Verteidigung vor den Gewerbegerichten und so weiter ihren eigenen Büroleitern überlassen oder sogenannten Winkeladvokaten, also Rechtskonsulenten, wie man sie bezeichnet hat. Die haben das übernommen und so ist dieser große Bereich des Steuerrechts an der Verfügungsmacht der Anwälte vorbeigegangen und dadurch sind aus diesen Rechtskonsulenten, den Büroleitern der Anwälte, die Steuerberater entstanden. Die Steuerberater, die das dann seit dem 19. Jahrhundert bis heute fortgeführt haben.

Der Nächste, der die Steuerreform in Deutschland entscheidend beeinflusst hat war *Erzberger*, bekannt durch seine Ermordung, der arme Kerl. Ein hochbegabter Mann. Ohne Studium groß geworden. *Matthias Erzberger*, der den Versailler Vertrag unterschrieben hat, weswegen er auch später erschossen wurde. *Erzberger* hat auch diese miquel'sche Einkommenssteuer vor dem Reichstag in Berlin als Reichssteuer durchgesetzt, also nicht nur für Preußen, dem einige andere Länder gefolgt sind, sondern für das ganze Deutsche Reich. Und zwar gesetzlich geregelt in einem Gesetz, das es heute noch gibt: In der Abgabenordnung. Dort war in § 88 bestimmt, dass die Aufgabe der Formulierung von Steuererklärungen und auch ihre Durchsetzung vor Finanzgerichten, die es nun gab und welche die Gewerbegerichte ersetzt hatten, von Rechtsanwälten übernommen werden kann. Die Anwälte wurden zuerst genannt und außerdem Personen, die von der Landesfinanzbehörde, so hieß es in § 88 Abgabenordnung, als fähige Personen anerkannt waren. Die Landesfinanzbehörde ist auf Deutsch gesagt die Oberfinanzdirektion Nord. Wenn sie also von der Oberfinanzdirektion anerkannt waren, konnten sie das übernehmen. Aber sie mussten jetzt anerkannt werden oder eben Anwälte sein.

Und dann gibt es noch einen fulminanten Aufruf des Präsidenten der Berliner Anwaltskammer, der hieß *Ernst*. Und der hat in einer Festschrift für *Otto Liebmann* die deutschen Anwälte aufgefordert, diese Aufgabe, die eine der wichtigsten der Zukunft sei, zu übernehmen und sie nicht anderen zu überlassen, sondern das juristisch zu übernehmen. Der Aufruf in dieser Festschrift für *Liebmann*, der ging auch ins Leere und nun sind endgültig die Steuerberater mit ihrer Tätigkeit, die dann später auch so genannt wurden, entstanden und mit einem Honoraraufkommen, das ungefähr dem entspricht, was die deutschen Anwälte heute haben. Genau nachgerechnet habe ich es nicht – *iudex non calculat*!

Zusammenfassung der Diskussion

Auf den Hinweis von *Susanne Hähnchen* an *Uwe Wesel*, dass in Bielefeld der Strafrechtler *Stephan Barton* lehre, der sich sehr intensiv mit dem *Erzberger*prozess beschäftigt habe, ergänzte *Wesel*, dass es auch strafrechtliche Literatur zu iudex non calculat gebe, in der es aber nur um die Strafzumessung gehe. Auf den Millimeter genau müsse man in der juristischen Dogmatik, insbesondere während des Studiums, feststellen, welcher Straftatbestand erfüllt sei: Diebstahl, Untreue oder Unterschlagung etwa. Aber dann im Rahmen der Strafzumessung gebe es wenig klare Regeln. Das einzige, was man in der Gegenwart über iudex non calculat wirklich lernen könnte, stamme aus diesem gleichnamigen Buch eines jungen Strafrechtlers.

Hähnchen warf „anderer Ansicht *Adomeit/Hähnchen*" ein, gab weiter an *Ingeborg Puppe*, die zunächst auf den Hintergrund des von *Wesel* erwähnten Buches einging, nämlich die Versuche in den 1970er Jahren, unter dem Thema Rationale Strafzumessung Rechenprogramme zu entwickeln, die die Strafzumessung gerecht machen sollten. [Heiterkeit unter allen Anwesenden] Ihr anderes Anliegen betreffe *Heinrich Honsell* bzw. *Savigny*, der weder den Begriff der Wortlautauslegung noch den der Semantik gekannt habe. Man habe alles, was mit Sprache im weitesten Sinne zu tun hat, damals Grammatik genannt, folglich auch die Wortlautauslegung. Auch der zweiten These, dass die logische Auslegung und die systematische identisch seien, widersprach sie, denn nicht alle systematischen Auslegungsargumente seien logisch zwingend. Deswegen streite man sich doch, wozu *Puppe* als Beispiel den Wandel der Rechtsprechung des BGH in Strafsachen zum Schutz rechtswidriger Vermögensvorteile gegen Betrug ausführte. Als dritten Punkt vertrat *Puppe*, dass *Savigny* auch zur (fehlenden) Rangfolge der Auslegungsregeln das Nötige gesagt habe und dass es ein Glück sei, dass es keine Rangfolge gebe. Anderenfalls gäbe es ja nur eine Auslegungsmethode, nämlich die vorrangige. Vielmehr verhalte es sich so, wie *Savigny* schrieb, dass in den einzelnen Problemzusammenhängen einmal die eine Methode eine überzeugendere Antwort gebe und einmal die andere.

Heinrich Honsell erwiderte zunächst, dass die Strafzumessung tatsächlich ein gigantisches Problem sei, wenn man sich überlege, wie scharf die Strafjuristen ihre Tatbestände definierten, mit Wortlaut und Analogieverbot und auf der Rechtsfolgenseite stehe da z.B. Freiheitsstrafe bis 10 Jahre. Wie man mit dieser Beliebigkeit verstandesgemäß zurechtkommen wolle, verschließe sich. Um *Sa-*

vigny genau zitieren zu können, habe zwar die Zeit nicht gereicht. Aber beim Grund habe jener mehrere Argumente und der Kern sei schon der, dass es dort nur um eine teleologische Reduktion gehe und diese sei problematisch. Es sei entschieden davor zu warnen, sich das erwünschte Ergebnis durch einen entsprechenden Zweck zurecht zu legen; vielmehr sei Gesetzestreue zu verlangen. Trotz Symmetrie und Spiegelbildlichkeit zwischen Reduktion und Analogie seien beide nicht ganz dasselbe. Andererseits habe man sich an die Analogie auch gewöhnt, wenn man an das 19. Jahrhundert denke, als noch streng die Lehre vom negativen Satz gegolten und es keine Analogie gegeben habe, weil man davon ausgegangen sei, dass das Gesetzbuch bestimmte Fälle regele. Was im Gesetz nicht vorkam, sei abgewiesen worden. Als letzter Punkt zu *Puppe* bestand *Honsell* darauf, dass der Wortlaut der Gegenstand der Auslegung sei und nicht ein Element derselben. Anderes könne nur gelten, wenn man den reinen Willen wie beim Testament ermitteln wolle. Dann könne man sagen, der Wortlaut sei ein Auslegungsmittel. Beim Gesetz könne man das nicht sagen.

Wolfgang Schild meinte, es sei doch methodisch spannend zu sehen, wie die Strafrechtspraxis argumentiert habe, die sich kaum auf das Corpus Iuris habe beziehen können, welches wenig Strafrecht enthalte. Deswegen sei es interessant zu sehen, wie die Kanonistik begonnen habe, Kirchenrechtsbestimmungen auszulegen. *Schild* schloss daran die Frage an, ob es Zusammenhänge gebe zwischen dem Protestantismus und seiner stärkeren Orientierung an der Schrift. Er selbst habe in Wien studiert und sei noch immer Doktor zweier Rechte, habe also römisches Recht und kanonisches Recht gelernt und meine, dass es vielleicht ein Problem sei, dass heute so viele Zivilrechtler sich nicht mehr um diese Dimension kümmerten, auch was Methodik betreffe. Zum Beispiel die Beicht- und Bußpraxis und Themen wie die Lehre vom Fegefeuer seien juristisch höchst interessant. Gerade für die Frage der Strafzumessung sei die Lehre vom Fegefeuer wesentlich, weil man hier zum ersten Mal und bis heute diskutiere, was eine schwere Schuld sei. *Sebastian Martens* bezog sich zunächst darauf, dass *Gribaldus* Legist gewesen und daher das zu ihm Gesagte letztlich auf das weltliche Recht beschränkt sei. Die religiösen Kämpfe seiner Zeit hätten sein ganzes Leben stark beeinflusst und sicher habe er einen religiösen Hintergrund gehabt, aber das scheine keine Rolle in diesem Diskurs gespielt zu haben. Entweder sei eine spezielle Tendenz im Humanismus aufgekommen, antike Quellen historisch zu kontextualisieren, zwar auch beeinflusst vom Kirchenrecht, oder man habe es nicht zugegeben, dass etwas die Spätscholastik gerade den Bezug zum Fegefeuer mit zu verantworten gehabt habe. Das sei später juristisch aufgeladen worden und habe vorweggenommen, was später *Grotius* übernommen habe. Das Frühere werde von *Grotius* als Quelle kaum noch genannt. Es sei sicher sehr interessant, dies genauer zu verfolgen, aber direkte Verbindungen sehe er nicht.

Methodenrecht

Detlef Leenen

I. Methodenlehre – Methodenrecht

Der Titel meines Beitrags scheint etwas quer zum Thema dieses Kolloquiums zu liegen: Es geht mir nicht um eine Positionierung der Methodenlehre „zwischen Wissenschaft und Handwerk", sondern um die darüber hinaus weisende Frage, ob es *rechtlich verbindliche* Methoden der gerichtlichen Fallentscheidung gibt.[1] Die Frage stellt sich angesichts einer zunehmenden Zahl höchstrichterlicher Entscheidungen, die eine Verpflichtung der Gerichte statuieren, in bestimmten Situationen nach bestimmten Methoden zu verfahren und andere Methoden zu verwerfen. Kommt diesen Sätzen normative Verbindlichkeit zu, so geht es bei deren Aufarbeitung nicht um wissenschaftliche Aussagen über Methoden im Sinne der *Methodenlehre*, sondern um Rechtssätze zu den von den Gerichten anzuwendenden Methoden und somit um *Methodenrecht*. Dass diese Fragestellung doch mit dem Thema unserer Veranstaltung zu tun hat, entnehme ich beruhigt dem von *Susanne Hähnchen* besorgten Flyer. Mein Beitrag handelt von darin aufgeworfenen Fragen, es kommt viel europäisches Recht ins Spiel, und auch von Gewaltenteilung wird die Rede sein.

---

[1] Nicht behandelt werden im Folgenden die seltenen Gesetzesbestimmungen, die – etwa nach dem Vorbild des berühmten § 1 ZGB – Anordnungen treffen, auf welchem Wege ein Richter in bestimmten Situationen eine Entscheidung zu finden hat. Im Hinblick auf solche Vorschriften sagt *E. A. Kramer* zu Recht, es gebe wenigstens in Ansätzen ein „Recht der Methode" (*E. A. Kramer*, Juristische Methodenlehre, 5. Aufl. 2016, S. 42). Zur normativen Verbindlichkeit methodischer Regeln differenzierend *Franz Bydlinski*, Juristische Methodenlehre und Rechtsbegriff, 2. Aufl. 1991, S. 78 ff.

II. EuGH / Europäisches Methodenrecht

Ich beginne gleich mit dem Unionsrecht.

1. Das Gebot autonomer Auslegung von Unionsrecht

Über die Auslegung von Unionsrecht entscheidet (letztlich) der EuGH, und der EuGH entwickelt Methoden-Regeln, nach denen sich die Auslegung von Unionsrecht richtet. Am wichtigsten ist der Grundsatz der autonomen Auslegung.[2] Der Grundsatz besagt im Kern, dass die Auslegung von Begriffen des Gemeinschaftsrechts unabhängig ist von deren Bedeutung in den einzelstaatlichen Rechtsordnungen.

Ein prominentes *Beispiel* bildet der Begriff der kaufrechtlichen Nacherfüllung (§§ 437 Nr. 1, 439 BGB), die der „Herstellung des vertragsgemäßen Zustands des Verbrauchsguts" im Sinne von Art. 3 Abs. 2 der Verbrauchsgüterkaufrichtlinie[3] dient.

Beim Kauf von Sachen, die zum Einbau in andere Sachen bestimmt sind und sich nach dem Einbau als mangelhaft erweisen, gehörten die Kosten des Ausbaus der mangelhaften Sache und des Einbaus der als Ersatz zu liefernden fehlerfreien Sache nach früherer[4] deutscher Auffassung zu (vom Verschulden abhängigen) Ansprüchen auf Schadensersatz (Mangelfolgeschäden; § 437 Nr. 3 BGB i. V. m. § 280 Abs. 1 BGB), nicht zu der (verschuldensunabhängigen) Nacherfüllung. Dem ist der EuGH in der berühmten Rechtssache *Weber* und *Putz* entgegengetreten und hat einen eigenständigen, an den Zielsetzungen der Verbrauchsgüterkaufrichtlinie orientierten Begriff der „Herstellung des vertragsgemäßen Zustands des Verbrauchsgutes" (Art. 3 Abs. 2 und Erwägungsgrund 10 der Richtlinie) entwickelt.[5] Der Verbraucher soll (unentgeltlich) so gestellt werden, wie er stünde, wenn der Verkäufer von Anfang an mangelfrei geliefert hätte. Die zentrale Stelle der Begründung lautet:

„Wenn aber der Verbraucher im Fall der Ersatzlieferung für ein vertragswidriges Verbrauchsgut vom Verkäufer nicht verlangen könnte, dass er den Ausbau des Verbrauchsguts aus der Sache, in die es gemäß seiner Art und seinem Verwendungszweck eingebaut wurde, und den Einbau des als Ersatz gelieferten Verbrauchsguts in dieselbe Sache oder die entsprechenden Kosten übernimmt, würde diese Ersatzlieferung für ihn zu zusätzli-

---

[2] Hierzu *Grundmann/Riesenhuber*, JuS 2001, 529 (sub II, 2); *Riesenhuber*, in: *Riesenhuber*, Europäische Methodenlehre, 3. Auflage 2015, § 10 Rdn. 4 ff.; *Sebastian A. E. Martens*, Methodenlehre des Unionsrechts, 2013, S. 335 ff; *D. Leenen*, JURA 2012, 753 (757 mit Nachweisen in Fn. 44); *Thomas M. J. Möllers*, Juristische Methodenlehre, 2017, § 2 Rdn. 71 ff.

[3] Richtlinie 1999/44/EG des Europäischen Parlaments und des Rates vom 25. Mai 1999 zu bestimmten Aspekten des Verbrauchsgüterkaufs und der Garantien für Verbrauchsgüter.

[4] Zur Änderung des § 439 BGB mit Wirkung zum 1. Januar 2018 sogleich unten.

[5] EuGH vom 16.06.2011, verb. Rs. C-65/09 *(Weber)* und C-87/09 *(Putz)*, ECLI:EU:C:2011:396, NJW 2011, 2269; umgesetzt durch BGH vom 21.12.2011, BGHZ 192, 148 = NJW 2012, 1073 – Bodenfliesen.

chen finanziellen Lasten führen, die er nicht hätte tragen müssen, wenn der Verkäufer den Kaufvertrag ordnungsgemäß erfüllt hätte. Wenn dieser nämlich von vornherein ein vertragsgemäßes Verbrauchsgut geliefert hätte, hätte der Verbraucher die Einbaukosten nur einmal getragen und hätte keine Kosten für den Ausbau des mangelhaften Verbrauchsguts tragen müssen."[6]

Unter diesen weiten Begriff der „Herstellung des vertragsgemäßen Zustands" können Maßnahmen fallen, die weit über die bloße Ersatzlieferung der Kaufsache selbst hinausgehen, wie noch zu zeigen sein wird. Verwischt wird die Grenze zum Schadensersatzrecht, wie allein die auffällig an § 249 BGB erinnernde Formulierung des EuGH zeigt. An die Begrifflichkeiten und die Systematik der Vertragsstaaten (und deren Abgrenzung zum Schadensersatz) ist der EuGH nicht gebunden.

Unter der Überschrift „Warum Jura keinen Spaß mehr macht" hat *Christian Wolf* in einer Ausbildungszeitschrift heftige Kritik an der Entscheidung geübt. Die Europäisierung unserer Rechtsordnung schreite laufend voran, „ohne dass sich in der Rechtspechung des EuGH das Differenzierungs- und Komplexitätsniveau der mitgliedsstaatlichen Rechtsordnungen widerspiegelt".[7] Auch mir hat die autonome Auslegung durch den EuGH lange keinen Spaß gemacht, man kann sie aber ob ihrer Auswirkungen und Rückwirkungen auf das nationale Recht gar nicht ernst genug nehmen. Was der EuGH in *Weber* und *Putz* entschieden hat, wird – wie der Bundestag am 8. März 2017 beschlossen hat – ab 1. Januar 2018 allgemeines (also über den Verbraucherbereich hinausgehendes) Kaufrecht.[8]

Das Gebot der autonomen Auslegung des Gemeinschaftsrechts ist von den nationalen Gerichten strikt zu beachten. Sie dürfen nicht Gemeinschaftsrecht in den Kategorien des jeweiligen nationalen Rechts auslegen, da ansonsten Rechtseinheit nicht hergestellt werden kann.[9] Nach der Rspr. des EuGH verlangen „die einheitliche Anwendung des Gemeinschaftsrechts und der Gleichheitssatz", dass „Begriffe einer Vorschrift des Gemeinschaftsrechts, die für die Ermittlung ihres Sinnes und ihrer Bedeutung nicht ausdrücklich auf das Recht der Mitgliedstaaten verweist, in der Regel in der gesamten Gemeinschaft autonom und einheitlich ausgelegt werden."[10] Die Herstellung und Wahrung von Rechtseinheit ist ein Ziel, an dessen Verwirklichung alle Vertragsstaaten mitzu-

---

[6] EuGH vom 16.06.2011 (Fn. 5), Rdn. 47.

[7] *Christian Wolf*, JA 2011, 1.

[8] Neufassung des § 439 Abs. 3 BGB durch das Gesetz zur Reform des Bauvertragsrechts, zur Änderung der kaufrechtlichen Mängelhaftung, zur Stärkung des zivilprozessualen Rechtsschutzes und zum maschinellen Siegel im Grundbuch- und Schiffsregisterverfahren vom 28. April 2017 (BGBl. I, S. 969) Art. 1 Nr. 11 i. V. m. Art. 10.

[9] *Stotz*, in: Riesenhuber (Fn. 2), § 22 Rdn. 19 mit zahlreichen Rechtsprechungsbelegen in Fn. 42.

[10] EuGH vom 27.01.2005, Rs. C-188/03 *(Junk)*, ECLI:EU:C:2005:59, NJW 2005, 1099, Rdn. 29.

arbeiten haben (Grundsatz der einheitlichen Wirksamkeit des Unionsrechts).[11] Es geht somit um rechtliche Verpflichtungen der Vertragsstaaten. Wenn die Gerichte zu einer autonomen Auslegung verpflichtet sind, handelt es sich um ein rechtliches Gebot und somit um Methodenrecht.

2. *Die Verpflichtung der nationalen Gerichte zur richtlinienkonformen Auslegung (inkl. Fortbildung) des nationalen Rechts*

Die Gerichte der Mitgliedstaaten sind – als deren Organe – verpflichtet, nationale gesetzliche Vorschriften im Regelungsbereich von Richtlinien so auszulegen, dass die Zielsetzungen der Richtlinie bestmöglich verwirklicht werden.[12] Die Verpflichtung zur richtlinienkonformen Auslegung von nationalen Gesetzen im Regelungsbereich von Richtlinien ergibt sich nach der Rspr. des EuGH und der im Schrifttum h. M. aus Art. 288 Abs. 3 AEUV in Verbindung mit Art. 4 Abs. 3 EUV; sie lässt sich in Deutschland zudem auf Art. 23 Abs. 1 GG in Verbindung mit Art. 20 Abs. 3 GG stützen.[13]

a) Ausschöpfung der anerkannten Methoden des nationalen Rechts

Der EuGH verlangt, dass die nationalen Gerichte „unter Anwendung ihrer Auslegungsmethoden alles tun, was in ihrer Zuständigkeit liegt, um die volle Wirksamkeit der fraglichen Richtlinie zu gewährleisten und zu einem Ergebnis zu gelangen, das mit dem von der Richtlinie verfolgten Ziel übereinstimmt."[14] Die nationalen Gerichte haben, um die Zwecke der Richtlinie zu erreichen, alle Methoden einzusetzen, die ihnen im Rahmen ihrer Kompetenz zustehen. Daraus ergibt sich der sog. *Äquivalenzgrundsatz* oder *Grundsatz der methodischen Gleichbehandlung*:[15]

> „Ermöglicht es das nationale Recht durch die Anwendung seiner Auslegungsmethoden, eine innerstaatliche Bestimmung unter bestimmten Umständen so auszulegen, dass eine Kollision mit einer anderen Norm innerstaatlichen Rechts vermieden wird, oder die Reichweite dieser Bestimmung zu diesem Zweck einzuschränken und sie nur insoweit

---

[11] Zum Grundsatz der einheitlichen Wirksamkeit des Unionsrechts *Nusser,* Die Bindung der Mitgliedstaaten an die Unionsgrundrechte, 2011, S. 65 ff. mit ausführlichen weiteren Nachweisen.

[12] EuGH vom 05.10.2004, verb. Rs. C-397/01 bis C-403/01 *(Pfeiffer)* ECLI:EU:C:2004:584, NJW 2004, 3547, Rdn. 113: „Bei der Anwendung des innerstaatlichen Rechts, insbesondere der Bestimmungen einer speziell zur Umsetzung der Vorgaben einer Richtlinie erlassenen Regelung, muss das nationale Gericht das innerstaatliche Recht ... so weit wie möglich anhand des Wortlauts und des Zwecks dieser Richtlinie auslegen, um das in ihr festgelegte Ergebnis zu erreichen" (mit weiteren Nachweisen); EuGH vom 15.01.2014 – Rs. C-176/12 (*Association de médiation sociale*) ECLI:EU:C:2014:2, NZA 2014, 193 Rdn. 38.

[13] *Wulf-Henning Roth*, in: Riesenhuber (Fn. 2) § 13 Rdn. 39.

[14] EuGH vom 15.04.2008, Rs. C-268/06 (*Impact*) ECLI:EU:C:2008:223, NZA 2008, 581 Rdn. 101.

[15] *Wulf-Henning Roth*, in: Riesenhuber (Fn. 2) § 13 Rdn. 31.

anzuwenden, als sie mit dieser Norm vereinbar ist, so ist das nationale Gericht verpflichtet, die gleichen Methoden anzuwenden, um das von der Richtlinie verfolgte Ziel zu erreichen."[16]

b) Die interpretatorische Vorrangregel zugunsten der richtlinienkonformen Auslegung

Lassen die herkömmlichen Auslegungsmethoden (unter Ausblendung der richtlinienkonformen Auslegung) mehrere mögliche Bedeutungen einer Norm oder eines Begriffes zu, von denen nur eine mit der Richtlinie vereinbar ist, so ist das Gericht verpflichtet, die Norm in dieser richtlinienkonformen Bedeutung anzuwenden.[17] Methodologisch handelt es sich um eine interpretatorische Vorrangregel: Die zum richtlinienkonformen Ergebnis führende Auslegung setzt sich gegen die anderen Auslegungsmethoden durch.[18] Das gilt auch dann, wenn die herkömmlichen Methoden klar für ein anderes Auslegungsergebnis sprechen.[19]

Dies hat erhebliche praktische und methodische Konsequenzen nicht nur für die richterliche Streitentscheidung, sondern auch für die Fallbearbeitung. Ein Beispiel bildet die Entscheidung des BGH im Fall „Massivholzfertigparkett":[20]

Die Kläger kauften bei der Beklagten Massivholzfertigparkett, das sie durch eine Fachfirma nach der dem Parkettholz beigefügten Anleitung des Herstellers verlegen ließen. In der Folge zeigten sich Risse und Verwölbungen. Dem Mängelbeseitigungsverlangen der Kläger setzte die Beklagte entgegen, das Parkett sei mangelfrei, die Verwerfungen seien auf zu trockene Luft in den Räumen zurückzuführen. Ein von den Klägern eingeholtes Sachverständigengutachten ergibt, dass die Verlegeanleitung des Herstellers nicht sachgemäß war. Das Parkett war daher mangelhaft gemäß § 434 Abs. 2 Satz 2 BGB. Die Kläger verlangen u. a. Ersatz der Gutachterkosten von der Beklagten.

Es geht um die Frage, ob Aufwendungen des Käufers für die Erstellung eines Mängel-Gutachtens als Kosten der Nacherfüllung (§§ 437 Nr. 1 BGB, 439 BGB) verschuldensunabhängig ersatzfähig sind. Zweifelhaft ist hier schon (grammatische Methode), ob der *Wortlaut* die Gutachterkosten deckt, da sie der Feststel-

---

[16] EuGH vom 05.10.2004, verb. Rs. C-397/01 bis C-403/01 *(Pfeiffer)*, ECLI:EU:C:2004:584, NJW 2004, 3547, Rdn. 116.

[17] EuGH vom 04.07.2006, Rs. C-212/04 *(Adeneler)* ECLI:EU:C:2006:443, NJW 2006, 2465 Rdn. 124; EuGH vom 22.12.2008, Rs. C-414/07 *(Magoora)*, ECLI:EU:C:2008:766, DB 2009, 436 Rdn. 44; EuGH vom 23.12.2009, Rs. C-305/08 *(CoNISMa)*, ECLI:EU:C:2009:807, NZBau 2010, 188, Rdn. 50.

[18] *Canaris*, in: FS Bydlinski, 2002, S. 68 ff; *Wulf-Henning Roth*, in: Riesenhuber (Fn. 2) § 13 Rdn. 42 ff; *Herresthal*, EuZW 2007, 396 (397); *D. Leenen*, JURA 2012, 753 (756).

[19] *Canaris*, in: FS Bydlinski, 2002, S. 72: „Die Vorrangregel zugunsten der richtlinienkonformen Auslegung führt ... dazu, daß diese sich auch dann durchsetzt, wenn die stärkeren Auslegungskriterien für das entgegengesetzte Ergebnis sprechen und also diesem bei einer bloßen Abwägungslösung der Vorzug zu geben wäre."

[20] BGH vom 30.04.2014, BGHZ 201, 83 = NJW 2014, 2351.

lung dienen, ob ein Mangel vorliegt, während die Nacherfüllung einen Mangel voraussetzt.[21] Rein sprachlich ist es indessen möglich, zu den Kosten der Nacherfüllung alle Aufwendungen zu rechnen, die dazu dienen, dass der Käufer eine mangelfreie Sache erhält. Hierunter fallen dann auch die Kosten zum Nachweis des Mangels.[22]

Unter *systematischen* Aspekten spricht freilich alles gegen eine solche Interpretation: Nach herkömmlichen deutschen Verständnis geht es um Schadensersatz (Mangelfolgeschäden), und insoweit haftet der Verkäufer nicht, wenn er den Mangel nicht zu vertreten hat (Rückverweisung des § 437 Nr. 3 BGB auf § 280 Abs. 1 Satz 2 BGB). Dieses systematische Argument – wie gewichtig immer! – *darf* das Gericht aber nicht einsetzen, um damit den Anspruch unter dem Gesichtspunkt der Nacherfüllung abzulehnen. Ein solches Ergebnis wäre richtlinienwidrig, da der EuGH – wir erinnern uns an die „Bodenfliesenentscheidung“[23] – zur Nacherfüllung alles rechnet, was erforderlich ist, um den Käufer so zu stellen, wie er stünde, wenn der Verkäufer von Anfang an mangelfrei geliefert hätte. In diesem Fall wären Kosten für ein Gutachten zur Feststellung der Mangelhaftigkeit nicht angefallen. Das nationale Gericht *muss* den Begriff der Nacherfüllung in diesem richtlinienkonformen Sinn verstehen, und es *muss* sich über alle systematischen Bedenken hinwegsetzen, sie zählen nicht. Das Gericht ist *methodenrechtlich* gebunden und hat nicht die Freiheit, eine im Rahmen der akademischen *Methodenlehre* gut vertretbare abweichende Auslegung der Entscheidung zugrunde zu legen.

Eine solche abweichende Auslegung vertritt *Martin Schwab* in seiner gutachtlichen Rekonstruktion des Massivholzfertigparkettfalls.[24] *Schwab* verneint, dass die Gutachterkosten zu den „zum Zwecke der Nacherfüllung erforderlichen Aufwendungen“ im Sinne von § 439 Abs. 2 BGB (in der bis zum 1.1.2018 geltenden Fassung) gehören, und lehnt deshalb einen verschuldensunabhängigen Kostenerstattungsanspruch ab. Ich bezweifle, dass ein deutsches Gericht die Freiheit hätte, ebenso zu entscheiden. Verweigert der gewerbliche Verkäufer von Fertigparkett die Ersatzlieferung, weil er den Mangel zu Unrecht bestreitet, so stellen m. E. die Gutachterkosten nach der Bodenfliesen-Entscheidung des EuGH „für die Herstellung des vertragsgemäßen Zustands des Verbrauchsgutes notwendige Kosten“ im Sinne von Art. 3 Abs. 4 der Verbrauchs-

[21] So das Argument von *Martin Schwab*, JuS 2015, 361 (362 f).

[22] So hat es auch der BGH gesehen (BGH vom 30.04.2014, BGHZ 201, 83 Rdn. 15 = NJW 2014, 2351): „Der Wortlaut lässt es ohne Weiteres zu, darunter auch die zur Klärung der Mängelursache erforderlichen Sachverständigenkosten zu fassen. Denn Letztere werden mit der Zielrichtung, dem Käufer die Durchsetzung eines daran anknüpfenden Nacherfüllungsanspruchs zu ermöglichen, und damit ‚zum Zwecke der Nacherfüllung‘ aufgewandt.“

[23] Oben II 1, bei und in Fn. 5.

[24] JuS 2015, 361 (363).

güterkaufrichtlinie dar. Dann aber ist eine Verneinung des Erstattungsanspruchs aus § 439 Abs. 2 BGB (a. F.) richtlinienwidrig.[25]

c) Das nationale Methodenrecht als Grenze der Rechtsfortbildung

Die nationalen Gerichte müssen das gesamte Instumentarium der innerstaatlich anerkannten Methoden ausschöpfen, um ein der Richtlinie entsprechendes Ergebnis herzustellen (oben II 2 a). Hierzu gehört auch die Rechtsfortbildung, insbes. durch Analogie und teleologische Reduktion. Die Reichweite und Grenze dieser Verpflichtung wird unterschiedlich formuliert. Diese Formulierungen sind deshalb von Interesse, weil das methodisch Erlaubte zur rechtlichen Pflicht gehört, das methodisch nicht Zulässige nicht verlangt werden kann – die Methode also eine rechtliche Grenze markiert. Nach der Rechtsprechung des BVerfG findet „die unionsrechtliche Pflicht zur richtlinienkonformen Auslegung nationalen Rechts (vgl. Art. 4 III EUV) ihre Grenzen an dem nach innerstaatlicher Rechtstradition methodisch Erlaubten“[26].

Die auffällig gewundene Formulierung wirft die Frage auf, was das „nach innerstaatlicher Rechtstradition methodisch Erlaubte“ anderes ist als das nach nationalem Methodenrecht Zulässige. Es kommt darauf an, ob und inwieweit das nationale Recht eine richtlinienkonforme Auslegung (einschließlich Rechtsfortbildung) zulässt. In den Worten des BVerfG: „Ob und inwieweit das innerstaatliche Recht eine richtlinienkonforme Auslegung zulässt, entscheiden die innerstaatlichen Gerichte in den Grenzen des Verfassungsrechts“.[27] Innerstaatliches Recht, das darüber bestimmt, ob eine bestimmte Auslegung des nationalen Rechts zulässig ist oder nicht, ist Methodenrecht. Diesen Schritt hat – zumindest in der Formulierung – das BAG vollzogen: „Grundsätzlich sind die nationalen Gerichte verpflichtet – soweit nach nationalem Methodenrecht möglich – nationale Vorschriften europarechtskonform auszulegen.“[28] Im Schrifttum wird insoweit auch auf „Methodenrecht“ *und* „Methodenlehre“ verwiesen.[29]

---

[25] Im Ergebnis ebenso *Looschelders*, JA 2014, 707 (709): „Im Anwendungsbereich der Verbrauchsgüterkauf-Richtlinie dürfte die Lösung des BGH ... durch das Unionsrecht vorgegeben sein. Wenn der Verkäufer nach Art. 3 der Richtlinie verpflichtet ist, die Nacherfüllung unentgeltlich und ohne erhebliche Unannehmlichkeiten für den Verbraucher vorzunehmen, so muss dem Verbraucher ein verschuldensunabhängiger Anspruch auf Ersatz der Kosten gewährt werden, die für die Feststellung der Mangelursache erforderlich sind.“

[26] BVerfG vom 26.09.2011, NJW 2012, 669, Leitsatz 1 und Rdn. 47. Der BGH hat die Formel übernommen: BGH vom 07.05.2014, BGHZ 201, 101 Rdn. 20 = NJW 2014, 2646.

[27] BVerfG vom 26.09.2011, NJW 2012, 669, Leitsatz 2 mit Rdn. 48. Wörtlich ebenso *BVerfG*, Beschluss vom 23.05.2016, NJW-RR 2016, 1366 Rdn. 41; *BAG* vom 23.06.2015, BAGE 152, 59 Rdn. 23.

[28] BAG vom 23.06.2015, BAGE 152, 59 Rdn. 23; vgl. auch Rdn. 24: eine andere Auslegung sei „methodenrechtlich nicht möglich“.

[29] *Grundmann/Riesenhuber*, Textsammlung Europäisches Privatrecht: Vertrags- und Schuldrecht, 2013, Einleitung S. XIII: Die Beschränkung auf das „Mögliche“ weise „auf die

d) Die Weiterentwicklung des nationalen Methodenrechts im Hinblick auf das Unionsrecht

aa) Notwendigkeit und Zulässigkeit einer Weiterentwicklung des nationalen Methodenrechts im Hinblick auf geänderte verfassungsrechtliche Vorgaben

Was in einer bestimmten Rechtsordnung methodisch zulässig ist und was nicht, ist keine vorgegebene unveränderliche Größe. Das Methodenrecht unterliegt dem Wandel. Hierauf hat mit Blick auf Reichweite und Grenzen der Pflicht zu richtlinienkonformer Auslegung und Rechtsfortbildung vor allem *Herresthal* eindringlich hingewiesen.[30] Die nationalen Methoden seien „nicht unveränderlich, sondern in der konkreten Rechtsordnung auszudifferenzieren, wobei der Verfassung, vor allem der Gewaltenteilung und dem Demokratieprinzip, eine zentrale Bedeutung" zukomme.[31] Grundlegende Änderungen der Verfassungsstruktur könnten sich daher auf den Methodenkanon auswirken. Dies sei bei der europäischen Integration der Fall, denn „der verfassungsändernde Gesetzgeber hat Art. 23 GG eingefügt, die Ausübung der nationalen Kompetenzen zu Gunsten der Rechtsetzung der EU beschränkt und die nationale Rechtsordnung für das höherrangige Unionsrecht geöffnet".[32]

bb) Erweiterung des Begriffs der Gesetzeslücke im Hinblick auf Fehlvorstellungen des Gesetzgebers über die Vereinbarkeit einer Regelung mit Unionsrecht

Eine Erweiterung hat insbesondere der Begriff der Gesetzeslücke in Fällen erfahren, in denen der Gesetzgeber Fehlvorstellungen über die Vereinbarkeit einer Regelung mit Unionsrecht erliegt. Grundlegend sind die zum Fall „Quelle AG" ergangenen Entscheidungen.[33]

Der Gesetzgeber ging davon aus, dass im Falle der Ersatzlieferung einer mangelfreien Sache der Käufer die mangelhafte Sache nicht nur zurückzugeben, sondern nach Rücktrittsrecht auch Wertersatz für die während der Nutzung erlangten Gebrauchsvorteile zu leisten habe (Verweisung des § 439 Abs. 4 BGB a. F. auf § 346 BGB). Bei einem Verbrauchsgüterkauf sei dies mit der Richtlinie vereinbar. Das sah der EuGH anders. Also bedurfte § 439 Abs. 4 BGB insoweit einer Einschränkung, wie sie alsbald vom Gesetzgeber – ursprünglich in § 474

Grenzen hin, die jedes mitgliedstaatliche Gericht in seinem nationalem Methodenrecht und der nationalen Methodenlehre findet."

[30] Grundlegend *Herresthal*, Rechtsfortbildung im europarechtlichen Bezugsrahmen, 2006.

[31] *Herresthal*, JuS 2014, 289 (292).

[32] *Herresthal*, JuS 2014, 289 (291); ausführlich *ders.*, Rechtsfortbildung im europarechtlichen Bezugsrahmen, 2006, S. 123 ff.

[33] BGH, Vorlagebeschluss vom 16.08.2006, NJW 2006, 3200; EuGH vom 17.04.2008, Rs. C-404/06 (*Quelle AG*) ECLI:EU:C:2008:231, NJW 2008, 1433; BGH vom 26.11.2008, BGHZ 179, 27 = NJW 2009, 427.

Abs. 2 Satz 1 BGB[34], ab 1. Januar 2018 in § 475 Abs. 3 Satz 1 BGB – getroffen worden ist.

Die methodische Frage lautete aber damals, ob das deutsche Gericht das Fehlen einer solchen Einschränkung als „Lücke" ansehen durfte, wo doch der Gesetzgeber die Frage gesehen und lediglich anders als später der EuGH entschieden hat.[35]

cc) Abgrenzung zur teleologischen Reduktion

Um eine *teleologische* Reduktion im herkömmlichen Sinne[36] handelt es sich nicht. Es geht nicht um die Beseitigung eines immanenten Wertungswiderspruchs im nationalen Recht im Hinblick auf den Zweck der Regelung.

Die Lücke kann darin liegen, dass der Gesetzgeber, der eine gemeinschaftsrechtskonforme Regelung schaffen will, verkannt hat, was das Gemeinschaftsrecht im konkreten Regelungsbereich besagt.[37] Überzeugender ist es, auf das Kriterium des Regelungsplans des Gesetzgebers ganz zu verzichten und die Korrekturbedürftigkeit des nationalen Gesetzes auf Verpflichtungen aus dem Gemeinschaftsrecht zu stützen. *Herresthal* spricht insoweit von „gemeinschaftsrechtskonformer Rechtsfortbildung".[38]

dd) Wahrung der Grenzen zulässiger Rechtsfortbildung

Eine entsprechende Erweiterung des Lückenbegriffs wahrt die Grenzen zulässiger Rechtsfortbildung, weil das Gericht nicht eine eigene rechtspolitische Wertung an die Stelle der Entscheidung des Gesetzgebers setzt, sondern den

---

[34] Art. 5 des Gesetzes vom 10. Dezember 2008 zur Durchführung des Übereinkommens vom 30. Oktober 2007 über die gerichtliche Zuständigkeit und die Anerkennung und Vollstreckung von Entscheidungen in Zivil- und Handelssachen und zur Änderung des Bürgerlichen Gesetzbuchs, BGBl. I, S. 2399, in Kraft getreten am 16. Dezember 2008 – also nur wenige Wochen nach der BGH-Entscheidung vom 26. November 2008 (vorige Fn.)

[35] Hierzu Adomeit/*Hähnchen*, Rechtstheorie mit Juristischer Methodenlehre, 7. Aufl. 2018, Rdn. 71 sowie die Kontroverse *Möllers/Möhring*, JZ 2008, 919; *Höpfner*, JZ 2009, 403; *Möllers*, JZ 2009, 405.

[36] Hierzu *Larenz*, Methodenlehre der Rechtswissenschaft, 6. Aufl. 1991, Kap. 5, 2c (S. 391 ff).

[37] Ein aktuelles und besonders eindringliches Beispiel bildet die Richtlinienwidrigkeit des § 476 Abs. 2, letzter Halbsatz BGB aufgrund der Auslegung von Artt. 5 und 7 der Richtlinie 1999/44/EG (Verbrauchsgüterkauf) durch EuGH vom 13.07.2017, Rs. C-133/16 (*Ferenschild*), JZ 2018, 298. Hierzu *D. Leenen*, JZ 2018, 284; *Ansgar Staudinger*, DAR 2018, 241; *Ball*, in: jurisPK-BGB, § 476 Rdn. 26.1 ff (Stand: 10.04.2018); *Augenhofer*, in: BeckOGK, § 476 BGB Rdn. 66.1 ff, 67 (Stand 01.05.2018). Der Gesetzgeber ging davon aus, dass die Richtlinie die in § 476 Abs. 2, letzter Halbsatz zu gebrauchten Sachen getroffene Regelung ausdrücklich zulasse. Im Lichte der vom EuGH getroffenen Unterscheidung zwischen Haftungsfrist und Verjährungsfrist ist dies nicht richtig. Näher *D. Leenen*, JZ 2018, 284 (288).

[38] *Herresthal* EuZW 2007, 396 (398): „Bei der gemeinschaftsrechtskonformen Reduktion verpflichtet das Gemeinschaftsrecht, den vom Wortlaut der nationalen Norm umfassten Fall aus ihrem Anwendungsbereich auszugliedern."

Plan des Gesetzgebers nachvollzieht und eine durch das Gemeinschaftsrecht gebundene Entscheidung trifft.[39] Im Gegenschluss ergibt sich, dass die Grenzen zulässiger Rechtsfortbildung zum Zwecke der Abstimmung des nationalen Rechts mit dem Gemeinschaftsrecht überschritten werden, wenn die Nichtübereinstimmung auf einer bewussten und gewollten Entscheidung des nationalen Gesetzgebers beruht. Maßstab ist nach *Herresthal* die „weiterhin aktuelle Wertungsentscheidung des nationalen Gesetzgebers".[40]

III. Deutsches Methodenrecht

Die Gemeinsamkeit der voranstehend behandelten Beispiele besteht darin, dass sich die Rechtsqualität der Sätze zur Methode letztlich auf die Verpflichtungen der Vertragsstaaten aus dem Primärrecht zurückführen lässt. Es liegt nahe, die Fragestellung außerhalb des Geltungsbereichs von EU-Recht am Verfassungsrecht festzumachen. Erkenntnisquelle sind insoweit Entscheidungen des BVerfG zu den Methoden der Gesetzesauslegung und -fortbildung.[41]

1. Auslegung

a) Herkömmlicher Methodenkanon

Von Verfassungs wegen ist keine bestimmte Methode der Auslegung von Gesetzen vorgeschrieben.[42] Die Gerichte müssen aber alle vertretbaren Gesichtspunkte der anerkannten Auslegungskriterien in Betracht ziehen. Das BVerfG kontrolliert insbesondere, ob das Fachgericht „von den anerkannten Methoden der Gesetzesauslegung in vertretbarer Weise Gebrauch gemacht hat".[43]

Unzulässig wäre es, wenn ein Gericht nur auf eine einzige Auslegungsmethode abstellen würde, weil es allein diese für richtig hält, und sich mit abweichenden Ergebnissen anderer Methoden nicht auseinandersetzen würde.

Hierzu ein hypothetisches Beispiel: Auf einer Autobahn ereignet sich ein Auffahrunfall, weil ein LKW auf der rechten Fahrspur mit Motorschaden lie-

---

[39] Näher *Herresthal*, EuZW 2007, 396 (399); *ders.*, JuS 2014, 289 (291): (Es) „setzt die nationale Judikative die höherrangige Norm des ebenfalls demokratisch legitimierten Unionsgesetzgebers um; sie setzt somit gerade nicht ihre eigene Vorstellung vom zutreffenden Regelinhalt an die Stelle des Regelungswillens der nationalen Legislative. Die gebotene Neubestimmung der verfassungsrechtlich determinierten Kompetenzen der nationalen Judikative muss sich auf den nationalen Methodenkanon auswirken."

[40] *Herresthal* EuZW 2007, 396 (400).

[41] Zu den Methoden der Gesetzesauslegung in der Rechtsprechung des BVerfG *Bleckmann*, JuS 2002, 942ff.

[42] BVerfG vom 07.04.1997, NJW 1997, 2230 (2230): „Eine bestimme Auslegungsmethode oder gar eine reine Wortinterpretation ist ... von der Verfassung nicht vorgeschrieben."

[43] BVerfG vom 23.05.2016, NJW-RR 2016, 1366 Rdn. 35 (m. w. N.).

gen geblieben ist. Die Klage des Unfallopfers aus § 7 StVG gegen den Halter des LKW weist das Gericht ab, weil sich der Unfall nicht „bei dem Betrieb“ des liegen gebliebenen Fahrzeugs ereignet habe. Der Gesetzgeber des Jahres 1908 habe die von Kraftfahrzeugen ausgehende besondere Gefahr in dem Antrieb durch Motoren gesehen und sei daher von einem „maschinentechnischen“ Betriebsbegriff ausgegangen. Andere Auslegungsmethoden – insbesondere: Zweck der Haftung – werden nicht herangezogen.

Eine solche Entscheidung verletzt durch die Verkürzung der Auslegung ausschließlich auf den historischen Aspekt Methodenrecht. Hierzu der BGH in einer grundlegenden Entscheidung zu § 7 StVG:

> „Der Richter würde seiner Aufgabe nicht gerecht, wenn er unter diesen [scl. ganz andersartigen heutigen] Umständen an dem viel zu engen maschinentechnischen Betriebsbegriff festhalten würde. Seine Bindung an Gesetz und Recht (Art. 20 Abs. 3 GG) gestattet ihm nicht nur, das Recht im Sinne seiner Weiterentwicklung durch Auslegung des gesetzten Rechts fortzubilden, sondern verpflichtet ihn sogar dazu, wenn die Findung einer gerechten Entscheidung dies erfordert.“[44]

b) Verfassungskonforme Auslegung (i. e. S.)

In einem weiteren Sinn muss jede Auslegung des einfachen Rechts verfassungskonform sein (dazu sogleich unten d: „verfassungsorientierte Auslegung“). Mit „verfassungskonformer Auslegung“ ist im engeren Sinn ein methodisches Verfahren gemeint, das die Grundsätze zum herkömmlichen Methodenkanon modifiziert und verhindert, eine Norm als verfassungswidrig zu verwerfen.

aa) Inhalt des Gebots der verfassungskonformen Auslegung

Die Leitsätze des BVerfG zur verfassungskonformen Auslegung lauten:

> „Eine Norm ist nur dann für verfassungswidrig zu erklären, wenn keine nach den anerkannten Auslegungsgrundsätzen zulässige und mit der Verfassung vereinbare Auslegung möglich ist. Lassen der Wortlaut, die Entstehungsgeschichte, der Gesamtzusammenhang der einschlägigen Regelung und deren Sinn und Zweck mehrere Deutungen zu, von denen eine zu einem verfassungsmäßigen Ergebnis führt, so ist diese geboten.“[45]

bb) Funktion und Rechtfertigung des Gebots der verfassungskonformen Auslegung

Grundlage des Gebots der verfassungskonformen Auslegung ist der Respekt vor der gesetzgebenden Gewalt.[46] Das Gebot der verfassungskonformen Ausle-

---

[44] BGH vom 09.01.1959, BGHZ 29, 163 (170) = NJW 1959, 627 (628).

[45] BVerfG vom 31.10.2016, NVwZ 2017, 617 Rdn. 34.

[46] BVerfG vom 03.02.1992, BVerfGE 86, 288 (320) = NJW 1992, 2947 (2950); BVerfG vom 26.04.1994, BVerfGE 90, 263 (275) = NJW 1994, 2475 (2476); BVerfG vom 30.03.2004, BVerfGE 110, 226, Rdn. 148 = NJW 2004, 1305 (1311).

gung „soll die Autorität und Autonomie des Gesetzgebers vor Übergriffen der Rechtsprechung schützen und dient damit letztlich einer funktionsgerechten Abgrenzung der Kompetenzen dieser beiden Staatsgewalten."[47]

cc) Der Verstoß gegen das Gebot der verfassungskonformen Auslegung

Ein Gericht verstößt gegen das Gebot verfassungskonformer Auslegung, wenn es die Verfassungswidrigkeit einer Norm bejaht, ohne die methodischen Möglichkeiten auszuschöpfen, die zu einem mit der Verfassung vereinbaren Sinn der Norm führen.

Der Verstoß kann insbesondere darin liegen, dass das Gericht die Möglichkeit einer teleologischen Reduktion nicht sieht oder mit nicht haltbaren Argumenten verneint. Die teleologische Reduktion gehört „zu den anerkannten, verfassungsrechtlich nicht zu beanstandenden Auslegungsgrundsätzen".[48] Setzt sich ein Gericht mit den für eine teleologische Reduktion in Betracht kommenden Argumenten nicht auseinander, weil der Wortlaut der Norm eindeutig sei, so ist dies „rechtlich nicht haltbar".[49] *Rechtlich* nicht haltbar ist das bloße Abstellen auf den Wortlaut, weil es gegen Methodenrecht verstößt.

c) Wechselwirkungslehre/Verhältnismäßigkeitsprinzip

Die grundlegende und wohl bis heute berühmteste Entscheidung zum Einfluss der Verfassung auf die Auslegung des einfachen Rechts ist das „Lüth"-Urteil aus dem Jahr 1958.[50] Dabei kommt es nicht darauf an, ob es der etwas gewundenen „Wechselwirkungslehre" bedarf, oder ob es nicht schlicht um einen Anwendungsfall des Verhältnismäßigkeitsprinzips in der Ausprägung des Übermaßverbots geht.[51] Entscheidend ist, dass das Gericht durch die Verfassung gebunden ist, die das Grundrecht beschränkende Wirkung des einfachen Gesetzes ihrerseits an der Verfassung zu messen, also die Auslegung des einfachen Gesetzes mit Bedeutung und Funktion des Gundrechts abzustimmen. Konkret ging es um die Abstimmung des § 826 BGB (Schadensersatz wegen eines Aufrufs zum Boykott eines Films) mit Art. 5 Abs. 1 Satz 1, Abs. 2 GG (Meinungsäußerungsfreiheit).

Das BVerfG setzt als Ausgangspunkt, der Richter habe

---

[47] *Canaris*, in: FS E. A. Kramer, 2004, S. 141 (149).

[48] BVerfG vom 07.04.1997, NJW 1997, 2230. Das BVerfG verwendet den Begriff der „Auslegung" hier in einem umfassenden, auch die Rechtsfortbildung einschließenden Sinn.

[49] BVerfG vom 07.04.1997, NJW 1997, 2230 (2231).

[50] BVerfG vom 15.01.1958, BVerfGE 7, 198 = NJW 1958, 257 – Lüth; dazu die Würdigung aus heutiger Sicht von *Hufen*, NJW 2017, 3064.

[51] Kritische Rekonstruktion der Lüth-Entscheidung unter dieser Fragestellung bei *Canaris*, Grundrechte und Privatrecht, 1999, S. 27ff.

„kraft Verfassungsgebots zu prüfen, ob die von ihm anzuwendenden materiellen zivilrechtlichen Vorschriften ... grundrechtlich beeinflußt sind; trifft das zu, dann hat er bei Auslegung und Anwendung dieser Vorschriften die sich hieraus ergebende Modifikation des Privatrechts zu beachten."[52]

Das bedeutet für Art. 5 Abs. 2 GG:

„Die allgemeinen Gesetze müssen in ihrer das Grundrecht beschränkenden Wirkung ihrerseits im Lichte der Bedeutung dieses Grundrechts [scl. der Meinungsfreiheit] gesehen und so interpretiert werden, daß der besondere Wertgehalt dieses Rechts ... auf jeden Fall gewahrt bleibt. Die gegenseitige Beziehung zwischen Grundrecht und ‚allgemeinem Gesetz' ist also nicht als einseitige Beschränkung der Geltungskraft des Grundrechts durch die ‚allgemeinen Gesetze' aufzufassen; es findet vielmehr eine Wechselwirkung in dem Sinne statt, daß die ‚allgemeinen Gesetze' zwar dem Wortlaut nach dem Grundrecht Schranken setzen, ihrerseits aber aus der Erkenntnis der wertsetzenden Bedeutung dieses Grundrechts im freiheitlichen demokratischen Staat ausgelegt und so in ihrer das Grundrecht begrenzenden Wirkung selbst wieder eingeschränkt werden müssen".[53]

d) Verfassungsorientierte Auslegung

Alle Normen des einfachen Rechts sind, wenn sich ein wertungsmäßiger Bezug zur Verfassung ergibt, im Lichte des Grundgesetzes auszulegen. Grundlegend ist die Entscheidung des BGH im sog. „Lues"-Fall aus dem Jahr 1952.[54]

Die Klägerin ist mit schwersten angeborenen Behinderungen zur Welt gekommen. Ursache hierfür ist eine Geschlechtskrankheit, die sich ihre Mutter vor der Schwangerschaft bei einer Bluttransfusion in der Klinik der Beklagten zugezogen hatte. Der auf § 823 Abs. 1 BGB (Verletzung von Körper und Gesundheit) gestützten Klage hält die Beklagte entgegen, dass die Klägerin sich niemals in einem unbeeinträchtigten körperlichen Zustand befunden habe und somit nicht durch sie „verletzt" worden sei. § 823 Abs. 1 BGB setze mit Denknotwendigkeit voraus, dass nur derjenige Schadensersatz verlangen könne, der einmal unverletzt gewesen sei.

Eine solche Auslegung des § 823 Abs. 1 BGB ist, wie der BGH zu Recht entschieden hat, mit dem in Art. 2 Abs. 2 Satz 1 GG verbürgten Recht auf körperliche Unversehrtheit nicht vereinbar. Deshalb geht es insbesondere nicht an, die Anforderungen an eine Körper- und Gesundheitsverletzung gleichzusetzen mit denen einer Eigentumsverletzung (die in der Tat erst einsetzen kann, wenn Eigentum an einer Sache entstanden ist). Eine solche rein begriffliche Argumentation verkennt den Verfassungsbezug der körperlichen Unversehrtheit und ist deshalb methodenrechtlich verfehlt.

---

52 BVerfG vom 15.01.1958, BVerfGE 7, 198 (206) = NJW 1958, 257 (257) – Lüth.

53 BVerfG vom 15.01.1958, BVerfGE 7, 198 (208 f) = NJW 1958, 257 (258) – Lüth.

54 BGH vom 20.12.1952, BGHZ 8, 243 = NJW 1953, 417 – Lues. Hierzu *D. Leenen*, Konstitutionalisierung im Zivilrecht, Annales de la Faculté de Droit d'Istanbul, Bd. 43, 2011, 23 (26 ff).

Die rechtstheoretische Absicherung und Eingrenzung des Gebots der verfassungsorientierten Auslegung kann hier nicht näher behandelt werden. Besonders wichtig erscheint mir, dass sich aus den Grundrechten Schutzpflichten des Staates ergeben können, deren Konkretisierung und Durchsetzung den Gerichten bei der Auslegung und Anwendung des einfachen Rechts aufgegeben ist.[55]

2. *Rechtsfortbildung*

Die Bindung des Richters an Gesetz und Recht (Art. 20 Abs. 3 GG) und der Grundsatz der Gewaltenteilung (Art. 20 Abs. 2 Satz 2 GG) stehen richterlicher Rechtsfortbildung jenseits des möglichen Wortsinns des Gesetzes nicht entgegen.[56] Die Zulässigkeit einer teleologischen Reduktion stützt das BVerfG auf die Verpflichtung der Gerichte, nach „Gesetz und Recht" (Art. 20 Abs. 3 GG) zu entscheiden.[57]

III. Methodenrecht – Verfassungsrecht

Nach *Rüthers* gilt es, „die Aufgabe zu erkennen, eine methodenfrei agierende Richtermacht durch verbindliche Methodenregeln, Begründungspflichten und Kontrollinstrumente an die Verfassung zurückzubinden: Methodenfragen sind Verfassungsfragen."[58]

Die Formulierung „methodenfrei agierende Richtermacht" vermag ich mir nicht zu eigen zu machen. Im Übrigen aber möchte ich *Rüthers* im Verfassungsbezug der Methodenfragen beipflichten und noch einen Schritt weiter gehen. Es gibt in wichtigsten Bereichen verbindliche Methodenregeln, die ich hier als Methodenrecht bezeichnet habe. Dieses Methodenrecht ist konkretisiertes Verfassungsrecht. Es geht insbesondere darum, die verfassungsgemäße Gewaltenteilung zwischen Gesetzgebung und Rechtsprechung näher zu bestimmen und abzusichern.[59]

Dass der Richter nur streng gesetzesgebunden nachvollziehen dürfe, was der Gesetzgeber vorgegeben hat, gibt die Wirkungsweise und Funktion der Gewaltenteilung nicht richtig wieder. Gewaltenteilung zwischen Gesetzgeber und

[55] Eingehend *Canaris*, Grundrechte und Privatrecht, 1999.

[56] BVerfG vom 23.05.2016, NJW-RR 2016, 1366 Rdn. 37 m. w. N.

[57] BVerfG vom 07.04.1997, NJW 1997, 2230 (2230 f).

[58] *Rüthers*, Methodenfragen als Verfassungsfragen, Rechtstheorie Bd. 40, 2009, S. 253, (272).

[59] Vgl. *Wulf-Henning Roth*, in: Riesenhuber (Fn. 2) § 13 Rdn. 51: „Die Befugnis der Gerichte zur Rechtsfortbildung ist ... vor allem als ein (verfassungsrechtliches) Problem der Rollenverteilung von Legislative und Judikative bei der Weiterentwicklung und Modernisierung des Rechts unter der Herrschaft des Art. 20 Abs. 3 GG zu begreifen." Siehe auch *Rüthers/Fischer/Birk*, Rechtstheorie mit Juristischer Methodenlehre, 8. Aufl. 2015, Rdn. 649, 706 u.ö.; *Thomas M. J. Möllers* (Fn. 2) § 13 Rdn. 83 ff.

Rechtsprechung setzt voraus, dass Gesetze nicht vollständig vorherbestimmen, wie jeder konkrete Einzelfall zu entscheiden ist – andernfalls wäre – ich zitiere *Hassemer* – der Gesetzgeber „alleinige Instanz der Fallentscheidung, die Justiz hätte nichts zu sagen, sie wäre wirklich nur Transmissionsriemen".[60]

Alle praktische Erfahrung zeigt, dass der Gesetzgeber wichtige Bereiche der Rechtsschöpfung an die Rechtsprechung delegiert, wie etwa das Beispiel vorvertraglicher Aufklärungspflichten zeigt,[61] für deren inhaltliche Bestimmung die §§ 241 Abs. 2, 242, 311 BGB kaum etwas hergeben. Hinzu kommt, dass der Gesetzgeber nicht stets und aktuell auf geänderte tatsächliche Verhältnise und Rahmenbedingungen reagieren kann. Das betont auch das BVerfG:

> „Angesichts des beschleunigten Wandels der gesellschaftlichen Verhältnisse und der begrenzten Reaktionsmöglichkeiten des Gesetzgebers sowie der offenen Formulierung zahlreicher Normen gehört die Anpassung des geltenden Rechts an veränderte Verhältnisse zu den Aufgaben der Dritten Gewalt."[62]

Also geht es um die Grenze zwischen zulässiger richterlicher Rechtsschöpfung und den dem Gesetzgeber vorbehaltenen Regelungsentscheidungen als Frage der verfassungsmäßigen Gewaltenteilung.[63] Das letzte Wort hat die Verfassung, und die aus der Verfassung zu gewinnenden Rechtssätze sind Methodenrecht.

---

[60] *Hassemer*, ZRP 2007, 213, 215.

[61] Dazu *D. Leenen*, BGB Allgemeiner Teil: Rechtsgeschäftslehre, 2. Aufl. 2015, § 17 Rdn. 24 ff. Umfangreiche Nachweise zur Kasuistik und Fallgruppenbildung bei *Emmerich*, in: MüKo-BGB, 7. Aufl. 2016, § 311 Rdn. 64 ff.

[62] BVerfG vom 31.10.2016, NVwZ 2017, 617 Rdn. 19.

[63] BVerfG vom 31.10.2016, NVwZ 2017, 617 Rdn. 23.

Welcher Methodenkanon sollte für die Rechtsprechung verbindlich sein?

Bernd Rüthers

I. Einleitung

Dieses Colloquium ist von *Susanne Hähnchen* auf einen Dialog angelegt. Herrn Kollegen Fischer und mich haben zwei Thesen von *Sebastian Martens* besonders beschäftigt, weil wir gemeinsam ein Lehrbuch zur Methodenlehre schreiben und die zweite These von *Martens* lautete:

> „Die gegenwärtige deutsche Methodenlehre – ich füge hinzu: und Methodenpraxis – widmet sich nahezu ausschließlich der Auslegung von Rechtsnormen auf einem vergleichsweise geringen Niveau. Und die Inhalte der gegenwärtigen Methodenlehren – im Plural – genügen weder für die Alltagsarbeit der praktischen Juristen noch für die Aufgaben der Wissenschaft, noch für das juristische Studium."

(Da er in Konstanz studiert hat, könnte vermutet werden, er habe das bei mir gelernt.) Passen Sie also gut auf, was alles hier im Nachfolgenden kritikwürdig ist. Ich trage, wie immer, nur den letzten Stand meiner möglichen – auch methodischen – Irrtümer vor. Zur Erleichterung des erhofften streitigen Diskurses einige nummerierte Hypothesen.

II. Hypothesen

1. Die Bundesrepublik ist nach dem Grundgesetz ein demokratischer Rechtsstaat, im realen Vollzug steht hinter diesem Titel aber ein *Richterstaat.*[1] Geltendes Recht ist in der Bundesrepublik und in der EU das, was die letztinstanzlichen Gerichte rechtskräftig entscheiden. Diese Feststellung schafft einen neuen Rechtsbegriff und eine neue Rechtsquellenlehre. Das Richterrecht ist zu einer dominanten Rechtsquelle geworden.
2. Wir erleben in der Bundesrepublik einen blühenden Richterpositivismus. Die Dominanz des Richterrechts läßt die Methodenpraxis der Rechtsan-

[1] Vgl. *B. Rüthers*, „Der (un-)heimliche Wandel vom Rechtsstatt zu Richterstaat" – Verfassung und Methoden, 2. Aufl., Tübingen 2016.

wendung zu einer Schlüsselfrage der Erhaltung der Demokratie und des Rechtsstaates werden.

3. Methodenfragen sind *Machtfragen* und *Verfassungsfragen*. Die Methodenwahl der Rechtsanwender beeinflußt ihr „Auslegungsergebnis“. Das führt zu der Frage: Enthält das Grundgesetz (etwa in den Art. 20 Abs.3, Art. 79, Art. 97 Abs.1 und Art. und Art. 101 Abs. 1, S.2) verbindliche Gebote für die Methode der Rechtsanwendung, also einen „verbindlichen Methodenkanon“?
4. Das wird, wenn ich recht sehe, von der herrschenden Lehre und Praxis bestritten. Von maßgeblichen Juristen und Verfassungsrichtern (z. B: *W. Hassemer, W. Zeidler*) sowie von vielen Gerichten und vom BVerfG wird die Parole vertreten und praktiziert: „Der Richter ist in der Wahl der ihm geeignet erscheinenden Methode der Gesetzesauslegung frei.“[2] Diese These ist aus meiner Sicht verfassungsrechtlich zweifelhaft. Sie erlaubt dem Rechtsanwender, sich diejenige Methode auszusuchen, die zu seinem gewünschten, „vorgefaßten“ Entscheidungsergebnis führt. Dieses wird dann als „Auslegung“ etikettiert.
   Die proklamierte und praktizierte Freiheit der Methodenwahl durch den Richter, gibt ihm die Möglichkeit, eine andere Rechtsordnung, bei den Verfassungsrichtern sogar die Chance, gewünschte Verfassungsänderungen herbeizuführen.
5. Dieses „Auslegungsverständnis“ hat Geschichte. Als ich 1950 in Münster zu studieren begann, unterrichteten mich überwiegend, etwa zu 80%, Professoren, die schon vor 1945 diesen Beruf ausgeübt hatten. Die personellen Kontinuitäten führten dazu, dass sich über Jahrzehnte hin nicht nur in Münster, sondern in vielen westdeutschen Fakultäten, eine Schweigespirale über die Methodengeschichte der Bundesrepublik und des deutschen Reiches legte. Das hatte plausible, aber auch dubiose Gründe und nachhaltige Folgen bis heute. Musterbeispiele dafür sind die von namhaften NS-Autoren (sog. „Klassikern“) verfaßten oder fortgeführten Lehr- und Handbücher oder Kommentare in fast allen Rechtsgebieten, besonders zur juristischen Methodenlehre *(Larenz)*, zur Privatrechtsgeschichte der Neuzeit *(Wieacker)* und zum Strafrecht *(Mezger)*.
6. Die Grundlagenfächer (Rechtsphilosophie, Rechtsgeschichte, Methodenlehre, Rechtssoziologie) wurden in der Lehre der Rechtsfakultäten, unterstützt von den gesetzlichen Ausbildungsordnungen, als „Pflichtwahlfächer“, unterbewertet oder ausgeblendet. Die verschwiegene und verdrängte Geschichte hat zu einem „fortgesetzten methodischen Blindflug“[3] beigetragen. Das führte über einige Jahrzehnte hin in Generationen junger Juris-

---

[2] Vgl. *Rüthers/Fischer/Birk*. Rechtstheorie, 9. Aufl., München 2016, Rdnr. 8145 f.
[3] *B. Rüthers* NJW 1996, 1876.

ten zu falschen Geschichtsbildern über die realen Risiken der Jurisprudenz und Justiz im schnellen Wechsel der Systeme und Ideologien.[4]

7. Aus einer Geschichte, die man nicht kennt, kann man auch nichts lernen. In den klassischen Lehr- und Handbüchern, etwa in zur „Methodenlehre“, zur „Privatrechtsgeschichte der Neuzeit“ und zum Strafrecht – ich könnte die allen bekannten Autoren dieser Grundlagenfächer nennen – war von diesem Thema in aller Regel keine Rede. Das Schweigen dazu wirkte wie eine methodische Parole im Sinne eines gefährlichen methodischen Grundsatzes: Weiter so! Mein Freund *Herman Lübbe* nannte das „das kommunikative Beschweigen dieser Zeit“. Das heißt sowohl die in das NS-Regime verstrickten Kollegen wie auch die verschreckten Rückwanderer, die jüdischen Remigranten, waren gemeinsam der Ansicht, man sollte über diese Zeit besser schweigen. Demgegenüber ist aus meiner Sicht die Erinnerung daran gebo ten und überlebenswichtig. das ist der methodische Grundsatz Nummer eins. Wer sich nicht erinnert, den bestraft die Zukunft. Der Mangel in den Grundlagenfächern dauert bis heute an.
8. Demgegenüber ist die Erinnerung geboten:
Gesetze sind verpflichtende Gebote (!) an die Gesetzesanwender (Art. 20 Abs. 3 und Art 91 Abs. 1 GG)! Ihre Anwendung und Auslegung setzt die Kenntnis dessen voraus, was die Normsetzer mit den anzuwendenden Normen regeln wollten. Der erste, unverzichtbare Schritt jeder Gesetzesanwendung ist also die Frage nach dem ursprünglichen Normzweck. Wer darauf verzichtet, will nicht *„auslegen“*, sondern *„einlegen“*.[5]
9. Die *richterliche Rechtsfortbildung* ist daher von der *Gesetzesauslegung* und erst recht von jeder richterlichen *Gesetzesabweichung* oder *Gesetzesverweigerung* streng zu unterscheiden und als solche offenzulegen.
10. Die Rechtsanwendung wird durch die jeweils vorhandene Normdichte geprägt. Zwei Rechtsgebiete verdienen besondere Aufmerksamkeit, das *Verfassungsrecht* mit den 146 Artikeln des Grundgesetzes und das *Arbeitsrecht*. Beide zeichnen sich dadurch aus, daß die zuständigen Gerichte für viele Streitfälle in den vorhandenen Gesetzesnormen keine Regelungen finden (Lückenproblem). Hier entsteht unvermeidlich Richterrecht. Die Dominanz des Richterrechts stärkt und verändert auch das Rechtsverständnis und das Selbstbewußtsein der Gerichte, besonders der letzten Instanzen. Mächtige Institutionen neigen nach einem soziologischen Erfahrungssatz

---

[4] *B. Rüthers*, Verfälschte Geschichtsbilder deutscher Juristen? Zu den „Erinnerungskulturen“ in Jurisprudenz und Justiz, NJW 15/2016, 1068rr.; ders., Deutsche Funktionseliten als Wende-Experten? Konstanz 2017.

[5] Zur Übersicht vgl. *Rüthers/Fischer/Birk*, Rechtstheorie, 9. Aufl., München 2016 Rdnr. 696–1000; zur Methode des BVerfG vgl. Rdnr. 799 f.

dazu, ihre Kompetenzen auszureizen, auch zu überdehnen. Beispiele dafür liefert zunehmend auch das Bundesverfassungsgericht.[6]

11. Ein Beispiel: Die für den Arbeitsvertrag vorhandene Gesetzesregelung findet sich unter dem unveränderten Titel „Dienstvertrag“ in den §§ 611 bis 630 des ehrwürdigen BGB, das am 1. Januar 1900 in Kraft getreten ist. Diese Vorschriften wurden von der Gesetzgebung in den verschiedenen Verfassungsepochen Deutschlands (1918/1933/1945/1949/1989 und EU) zwar insgesamt an 20 Stellen geändert oder ergänzt. Ein zeitgemäßes Arbeitsvertragsgesetz kam aber trotz immer wiederholter Anläufe nie zustande.
12. Die Arbeitsgerichtsbarkeit stand bald nach dem Inkrafttreten des BGB vor der Herausforderung, die veränderten wirtschaftlichen und gesellschaftlichen Realitäten, welche die Gesetzbebung zum BGB nicht gekannt oder falsch eingeschätzt hatte (primäre oder sekundäre Gesetzeslücken“), in eigener rechtspolitischer Verantwortung *richterrechtlich zu regeln.* Das Individualarbeitsrecht ist in Deutschland weitgehend als Richterrecht entstanden. Man kann darüber streiten ob als Rechts*fortbildung* oder als *richterlicher Aufstand* gegen das bestehende Gesetz.
    Erhebliche Teile des geltenden deutschen Arbeitsrechts sind aus einem epochenbedingten Aufstand der Arbeitsgerichte gegen das fehlende oder als „unbillig“ angesehene Gesetzesrecht entstanden.
13. Diese Herausforderungen für die Gerichte wegen der veränderten Tatsachen und Wertvorstellungen haben sich nach dem politischen Verfassungsumbruch 1945/49 noch verschärft. Die politischen Grundwerte des neu aufzubauenden demokratischen und sozialen Rechtsstaates konnten von der Gesetzgebung über das GG hinaus kurzfristig entweder gar nicht oder nur in Ansätzen gesetzlich geregelt werden. Das bundesrepublikanische Arbeitsrecht blieb von Anfang an und bis heute überwiegend Richterrecht.
    Die deutsche Arbeitsgerichtsbarkeit, speziell das BAG, haben mit ihren Vorleistungen als Ersatzgesetzgeber einen bedeutenden, kaum zu überschätzenden Beitrag zum Ausbau, zur Stabilisierung und zur sozialen Befriedung der Bundesrepublik in den bewegten Zeiten nach 1949 und erneut nach 1989 geleistet.[7] Ähnliches gilt für die meisten Bundesgerichte.
14. Lange Zeit haben die Richter der Bundesgerichte, auch und gerade die des BGH und des BAG, ihre normsetzende und damit *rechtspolitische* Funktion verkannt, geleugnet oder zu vertuschen versucht.

---

[6] *B. Rüthers* wie Fn. 1, S. 109 ff., 175 ff.

[7] Dazu *B. Rüthers*, Arbeitsrecht und politisches System, Fischer-Athenäum-Taschenbuch, Rechtswissenschaft, Bd. 6006, 1973 (aus „Materialien zur Lage der Nation 1972“: Kapitel IV: Arbeitsrecht, Bundestags-Drucksache VI/3080; *ders.*, 35 Jahre Arbeitsrecht in Deutschland, in: RdA 1995, S. 326 ff.; *ders.*, Methoden im Arbeitsrecht 2010 – Rückblick auf ein halbes Jahrhundert, NZA Beilage 3/2001, S. 100 ff.

Ich erinnere mich eines lebhaften persönlichen Diskurses mit dem damaligen Präsidenten des BAG *Rudolf Kissel* (1981–1994) und seinem Vizepräsidenten *Dirk Neumann* (1984–1990), beide von mir hochgeschätzt. Auf meinen Hinweis, daß alle Grundsatzentscheidungen des BAG Elemente richterlicher Normsetzung enthielten, etwa beim Kündigungsschutz rechtspolitische Weichenstellungen für den gesamten Arbeitsmarkt und im Tarif- und Arbeitskampfrechts wiesen sie diese Vorstellung weit von sich, ja geradezu empört zurück. Sie entschieden aus ihrer Sicht immer nur die vorliegenden Einzelfälle ohne jede Normwirkung für die betroffenen Fallgruppen. Die Verweigerung gegenüber der realen Normwirkung war offensichtlich.

Die dauerhaft erbrachten, von der Gesetzgebung und von der Gesellschaft akzeptierten Leistungen der richterlichen „Ersatzgesetzgebung" (vor allem durch die Bundesgerichte) haben die letzten Instanzen selbstbewußt gemacht. Im Gegensatz zu manchen Verleugnungen richterlicher Rechtspolitik von Seiten der Richter entwickelte sich in der Rechtsprechung der Bundesgerichte verbreitete Tendenz zum richterrechtlichen Ausbau der deutschen Rechtsordnung über die bestehenden Gesetze hinaus.

15. Der geschickt manipulierte Begriff der Gesetzeslücke, sei es einer vorhandenen oder auch einer von den Rechtsanwendern selbst konstruierten, also *„erfundenen"* Gesetzeslücke, ist der scheinlegale Zugang zu beliebigen Gesetzesabweichungen entgegen Art. 20 Abs. 3 GG.

Die Beispiele aus der arbeitsrechtlichen Rechtsprechung sind zahlreich. Ich erwähne nur zwei. 1972 hatte die Gesetzgebung mit einer Neufassung des § 5 I Nr. 3 BetrVG den für das gesamte Arbeitsrecht wichtigen Begriff der „leitenden Angestellten" präzisiert. In der amtlichen Begründung hieß es ausdrücklich, die Abgrenzung solle klarer formuliert, nicht aber die Größe der Gruppe verändert werden. Genau das hat aber die „Erfindung" einer nicht vorhandenen Gesetzeslücke im Ergebnis bewirkt. In seiner ersten Entscheidung dazu stellte das BAG 1974, also zwei Jahre nach dem neuen Gesetz, die These auf, die Vorschrift sei nicht justitiabel, ergebe keinen erkennbaren Sinn, enthalte also eine „verdeckte Regelungslücke", die vom BAG sachgerecht zu füllen sei[8].

Die Entscheidung löste in der Praxis große Verwirrung und eine Flut von Massenprozessen vor allem in der Automobil- und Metallindustrie über den Status der leitenden Angestellten aus. Die Versuche des BAG, in mehreren Folgeentscheidungen einen eigenen Oberbegriff des „leitenden Angestellten" zu definieren, sind gescheitert. Sie stießen auf heftige Kritik[9]. 1980 gestand der 1. Senat seinen Irrweg ein und kehrte zum Gesetz zurück[10].

---

[8] BAG, AP BetrVG 1972 § 5 Nr. 1.

[9] *Rüthers,* JZ 1974, 626; *ders.* in: Festschr. 25 Jahre BAG, 1979, S. 455 (458 ff.); *Richardi*, Hamburger Jahrbuch für Wirtschafts-und Gesellschaftspolitik, 21 (1976), S. 289 ff.

[10] BAG, AP BetrVG 1972 § 5 Nr. 22; BAG, AP BGB § 611 Abhängigkeit Nr. 103.

Die Abgrenzungskriterien seien allerdings so unbestimmt, daß der Begriff „leitende Angestellte" nur „typologisch beschrieben" werden könne. Es folgte die Hinwendung zur *„typologischen Methode"* der Rechtsanwendung. Diese „typologische Rechtsfindung" wird häufig vom BAG[11], gelegentlich auch vom BVerfG[12] bemüht, wenn es um die Konkretisierung unbestimmter Gesetzesbegriffe geht, etwa um „Arbeitnehmer", „Abhängigkeit", „Beschäftigung" und andere.

Diese sog. typologische Methode wurde von *Larenz* nach 1933 – im Anschluß an die *Hegel*sche Lehre vom „konkret-allgemeinen Begriff" – für die „völkische Rechtserneuerung" eingesetzt, später für seine „Methodenlehre der Rechtswissenschaft"[13] entwickelt[14].

16. Die vom BAG und anderen Bundesgerichten häufig verwendete sog. „typologische Rechtsfindung" ist ein Instrument verdeckter interpretativer Rechtsetzung. Angewendet wird sie dort, wo ein unbestimmter Rechtsbegriff nicht gesetzlich definiert ist und auf vielfältig verschiedene Sachverhalte und Fallgruppen hin konkretisiert werden muß. Das methodische Problem liegt darin, daß die richterliche Normsetzung fälschlich als Methode der Gesetzes*auslegung* ausgegeben wird. Es ist daher irreführend, wenn, wie bei *Larenz* und beim BAG üblich, von typologischer „Rechts*findung*" zu reden, weil es in Wahrheit um eigenverantwortliche *Rechtssetzung* geht[15].

17. Ein offenes Bekenntnis zur freien richterlichen Rechtsschöpfung legte das BAG mit seiner Rechtsprechung den Voraussetzungen gültiger Rückzahlungsklauseln bei Gratifikationen ab[16]. Einen weiteren Höhepunkt offener richterlicher Rechtsschöpfung bildete das Urteil zur Unverfallbarkeit freiwillig gewährter Betriebsrenten vom 10.3.1972. Der Leitsatz 2 lautete:
„Wegen der mit dieser Rechtsansicht *(der Gesetzgebung! B. R.)* verbundenen sozialen Härten und Unbilligkeiten stellt der Senat im Wege der *Rechtsfortbildung* den folgenden Rechtsatz auf ..."[17].

18. Die Rechtsprechung hat die im gesetzlichen Kündigungsschutz besonders weiten und unbestimmten Rechtsbegriffe dazu benutzt, den Kündigungsschutz weit über die von der Gesetzgebung vorgegebenen Normzwecke hi-

---

[11] BAG, AP BGB § 611 Abhängigkeit Nr. 34; vgl. auch *BSG*, NZA 1991, 907.

[12] BVerfG, AP BGB § 611 Abhängigkeit Nr. 82.

[13] *Larenz*, Methodenlehre der Rechtswissenschaft, 1. Aufl. (1960), 6. Aufl. (1991).

[14] Vgl. *Larenz*, Die Rechts- und Staatsphilosophie des deutschen Idealismus, 1931, S. 107; *ders.*, Die Rechts- und Staatsphilosophie der Gegenwart, 2. Aufl. (1935), S. 163 ff.; *ders.*, Über Gegenstand und Methode völkischen Rechtsdenkens, 1938; *ders.* 1. Aufl. (1960), S. 333 ff.; 5. Aufl. (1983), S. 440 ff. Dazu näher *Rüthers*, Die unbegrenzte Auslegung, 6. Aufl. (2005), S. 277 ff., 293 ff., 302 ff. Zur ideologischen Elastizität dieser Methode *Rüthers*, „Wir denken die Rechtsbegriffe um..." – Weltanschauung als Auslegungsprinzip, 1987, S. 62 ff. Vgl. auch *Leenen*, Typus und Rechtsfindung (1971).

[15] *Leenen* (Fußn. 13); kritisch zur typologischen Methode *Beuthin/Wehler*, RdA 1978, 2.

[16] BAG, AP BGB § 611 Gratifikation Nr. 22 und 25.

[17] BAG, AP BGB § 242 Ruhegehalt Nr. 10.

naus auszudehnen. Das KSchG sollte nach der amtlichen Begründung lediglich dazu dienen, willkürliche Arbeitgeberkündigungen zu verhindern[18].
An der Rechtsprechung zum KSchG zeigt sich besonders anschaulich: Auch für im Richterrecht spielen weltanschauliche Vorverständnisse der Normgeber eine wichtige Rolle. Ihre Wirksamkeit bei der Anwendung und Fortbildung von Arbeitsrecht hat gewisse Schwerpunkte. Es geht in der Regel um solche Regelungsbereiche, in denen Grundfragen der Gesellschaftsordnung entschieden werden. Das gilt etwa für den Kündigungsschutz (Beispiel „Ultima-ratio"- und Prognoseprinzip[19]), das betriebliche und überbetriebliche Mitbestimmungsrecht, die Inhalte der Koalitionsgarantie, die Tarifautonomie, die Zulässigkeit und Grenzen der Aussperrung und für ähnliche Probleme. Beim Ringen um die vermeintlich „richtigen" Ergebnisse geht es oft um die Frage, welches die „richtige" oder die „bessere", „gerechtere" Weltanschauung ist.

19. Die arbeitsrechtliche Rechtsprechung hat beim Kündigungsschutz das rechtswirksam abgeschlossene Arbeitsverhältnis zu einer Art „Lebensbund" stilisiert (*Herschel* 1939 und 1958!). Eine Ehe ist heute in Deutschland leichter und schneller auflösbar als ein Arbeitsverhältnis. Die Bereitschaft zu Neueinstellungen in Klein- und Mittelunternehmen wurde und wird durch solche Erfahrungen nicht gesteigert.
Ein folgenreicher Irrtum des Kündigungsrichterrechts besteht darin, daß das BAG seine Rechtsprechung lange Zeit als Einzelfall-Rechtsprechung zwischen den jeweiligen zwei Streitparteien mißverstanden hat. In Wirklichkeit wurde das Schicksal der Arbeitslosen zum Entscheidungszeitpunkt mitverhandelt, nämlich die Beschäftigungschancen der *seit 1982 bis heute über zwei Mio. Arbeitslosen.*

20. Ein Musterbeispiel für die Dominanz des Richterrechts bietet das Arbeitskampfrecht. Es bildet eine vom Gesetzgeber bewußt, wenn auch unfreiwillig, offen gelassene sog. *Gebietslücke*. Die Arbeitsgerichtsbarkeit hatte also hier, seit Arbeitskämpfe als zulässige Preiskämpfe am Arbeitsmarkt angesehen wurden, weite, nur durch die Verfassung begrenzte Regelungskompetenzen und Regelungspflichten. Das BAG ist der einfache und mächtige Gesetzgeber.

21. Betrachtet man das Gesamtgebäude des deutschen Arbeitskampfrechts, das fast ausschließlich aus Richterrecht besteht, so ist zunächst ein nachdrückliches Lob auszusprechen. Deutschland ist im internationalen Vergleich ein „arbeitskampfarmes" und (auch) dadurch ein sozial friedliches, wohlhabendes Land geworden, ähnlich wie die Schweiz, Japan und wenige andere vergleichbare Industrieländer.

---

[18] BT-Dr I/2019 und RdA 1951,58.
[19] Vgl. *Rüthers*, NJW 1998, 1433.

22. Die Grundsätze des Großen Senats zum Arbeitskampfrecht sind nach § 45 II ArbGG für alle Senate des BAG zwingend. Der Erste Senat hat diese Grundsätze jeweils unter Verstoß gegen Art. 101 I 2 GG vielfach verändert, zu einem erheblichen Teil buchstäblich auf den Kopf gestellt.
Das zeigt vor allem die Judikatur des Ersten Senats zum Arbeitskampfrecht. Nach den Grundsätzen des Großen Senats ist die vom Grundgesetz gewährleistete funktionsfähige Tarifautonomie auf ein Mindestmaß von Verhandlungs- und Kampfgleichgewicht der Arbeitskampfparteien angewiesen. Durch eine Serie von Entscheidungen hat der Erste Senat gegen diese Grundsätze verstoßen.
Dazu haben die Entscheidungen des 1. Senats zu Aussperrungsquoten, zum „Warnstreik", zu „Wellenstreiks", zum „Ultima-ratio"- und Schlichtungsgebot sowie zu *„Sympathiearbeitskampf"* maßgeblich beigetragen. Deutschland wurde zeitweilig, wie der SPIEGEL formulierte[20], *„‚Exportweltmeister' in Arbeitsplätzen"*. Ganze Wirtschaftszweige sind abgewandert, nicht allein wegen dieser Judikate, aber von ihnen beschleunigt.
23. Einen neuen Höhepunkt richterlicher Unbekümmertheit gegenüber der eigenen Arbeitskampfrechtsdogmatik des Großen Senats beim BAG gegenüber dem Verfahrensrecht (§ 45 ArbGG) und gegenüber der Verfassung (Art. 20 Abs.3, Art. 97 Abs.1 und Art. 101 Abs.1 S.2 GG) brachte das „Flashmob"-Urteil des 1. Senats.[21] Damit ist eine neue, quasi „dreidimensionale" Praxis des inzwischen senatsüblichen Aufstandes gegen das eigentlich „geltende" Recht erreicht. Man kann das *richterliches Gewohnheitsunrecht* nennen. Zur Methode des BAG gehört es, abweichende oder gar kritische Stimmen der Rechtswissenschaft dazu konsequent zu verschweigen
24. *Zwischenbilanz*: Als Fehlentscheidungen mit nachfolgenden „Verschlimmbesserungen" durch das Gericht haben sich die ökonomisch sinnwidrigen, willkürlich „gegriffenen" „Aussperrungsquoten", die mißglückte und widerrufene „Warnstreikdefinition", die Beurteilung der Wellenstreiks, die Mißachtung des Schlichtungsgebotes vor einem Arbeitskampf und die Verdrehung des „Ultima-ratio"-Prinzips in eine „prima ratio"-Lizenz (Arbeitskampferlaubnis bereits bei Beginn von Tarifverhandlungen) erwiesen. Die Zulassung von Sympathie-Arbeitskämpfen und das „Flashmob"-Urteil sind weitere Höhepunkte auf dem Weg der Zerschlagung des Arbeitskampfrechts durch das BAG.
25. Die nachteiligen Folgen dieser Serie von fragwürdigen Entscheidungen zum Arbeitskampfrecht sind teilweise verhindert oder gemildert worden durch die Internationalisierung der Weltwirtschaft. Der Wettbewerbsdruck, auch aus den Entwicklungs- und Schwellenländern, hat dazu geführt, daß die In-

20 DER SPIEGEL Heft 44/2004, Titelblatt.
21 BAG, JZ 2010, 254 m. Anm. *Rüthers/Höpfner* = NZA 2009, 1347.

teressengemeinsamkeiten der nationalen Tarifparteien heute bisweilen größer sind wuchsen als die „Klassengegensätze“ nach der marxistischen Theorie. Die Gewerkschaften sind, nicht zuletzt durch die Einbindung in die betriebliche und Unternehmensmitbestimmung, überwiegend Mitträger der „sozialen Marktwirtschaft geworden. Sie sind sichtbar gehindert, die neuen Kampfmöglichkeiten so unbekümmert wie früher auszunutzen. Das gilt bes. für die Metall- und Elektroindustrie, den Automobilbau wie für die Kaufhausbranche.

26. *Zur Herausforderung „Europa“*: Deutschland steht, wie alle Mitgliedstaaten der EU, vor zwei methodischen Aufgaben. In den zurückliegenden zwei Jahrzehnten haben wir gelernt: Es geht um die Harmonisierung der nationalen mit der europäischen Arbeitsrechtsordnung. Sie stammen von unterschiedlichen Normsetzern, aus unterschiedlichen Rechtskulturen, Vorverständnissen und methodischen Traditionen. Wir brauchen eine europa-kompatible juristische Methodenlehre.
27. Wir brauchen vor allem eine Methodenlehre für die Praxis, nicht (nur) für die Rechtswissenschaft. Hinzu kommt die kritische Begleitung der Rechtsprechungspraxis des EuGHs und des MRGH in arbeitsrechtlichen Fragen.
28. Juristische Methoden sind in der Jurisprudenz wie in der Justiz, bei allen Normsetzern und Normanwendern, *zeitbedingte* Erzeugnisse von *Sozialisationskohorten*. Ihre Prägefaktoren waren und sind der *Zeitgeist und die jeweilige Systemideologie*. In der Erfassung der jeweiligen Problemlagen ist die gesellschaftliche, betriebliche und Unternehmenspraxis den staatlichen Instanzen regelmäßig weit voraus. Die Gerichte werden mit den jeweiligen Umbrüchen und Veränderungen der Strukturen konfrontiert, bevor die Gesetzgebung und oft auch die Exekutive reagieren können. Realistisch gesehen, könnte Art. 97 Abs. 1 des Grundgesetzes lauten:
    „Die Richter sind unabhängig und nur dem Gesetz *und dem Zeitgeist* unterworfen.“

III. Fazit

1. „Das Richterrecht bleibt unser Schicksal.“ *(Gamillscheg).*
2. Das Vorgetragene sind unsichere Hypothesen, keine erwiesenen „wissenschaftlichen Wahrheiten“. Es sind Meinungen, die sich aus den Erfahrungen von sechs Jahrzehnten in dieser Materie gebildet haben. Sie sind also nicht mehr als der letzte Stand meiner möglichen Irrtümer. Kritik ist erwünscht.
3. Der kontroverse Diskurs ist der verläßliche Motor des Erkenntnisfortschritts in allen Lebensbereichen, besonders in der Jurisprudenz. Sie kennt in Wertungsfragen keine Wahrheiten, sondern nur Meinungen, „Vertretbarkeiten“, „Angemessenheiten“.

IV. Schlußthesen

1. Die juristische Methodenlehre liefert das unverzichtbare Handwerkszeug und die Kontrollinstrumente für eine verfassungsgemäße Rechtsanwendung.
2. Juristische Methodenlehre und Methodenehrlichkeit sind Prüfsteine und „Warnlampen“ rechtsstaatlicher und verfassungsgemäßer Rechtsanwendung
3. Die Judikatur der letzten Instanzen ist, wenn der Rechtsstaat nicht zum unkontrollierten Richterstaat werden soll, auf die kritische Begleitung des wuchernden Richterrechts existentiell angewiesen.
4. Der freie wissenschaftliche Diskurs ist die letzte Instanz für die Offenlegung von Irrwegen des Richterpositivismus.

Zusammenfassung der Diskussion

Christian Schäfer (Referendar/Doktorand, Bielefeld) wandte sich an *Bernd Rüthers*, der in seinen Hypothesen sehr klare Konsequenzen aus der Gewaltenteilung gezogen habe. Es stelle sich die Frage, ob Analogie und teleologische Reduktion überhaupt noch zu rechtfertigen seien, wenn man wirklich eine ganz klare Gewaltenteilung haben möchte. *Rüthers* antwortete, dass die Analogie selbstverständlich zulässig sei. Nur wenn sie beginne, die Motivation, die Zielrichtung der vom Gesetzgeber vorgesehenen Gestaltungsziele zu verändern, dann müsse offengelegt werden, dass man nicht Analogie, sondern Gesetzesabweichung betreiben wolle. Das sei gelegentlich notwendig, aber man müsse es offen sagen. Man könne das nicht als objektive Auslegung tarnen.

Sebastian Martens nahm Bezug auf das Referat von *Detlef Leenen* und meinte, dass die Rechtsquellenlehre das Methodenrecht nicht wirklich abbilde. Und – was viel schlimmer sei –, dass die Methodenlehre gar keine richtige Methode der Anwendung des Rechts bereithalte. Der Umgang mit Richterrecht finde auf niedrigem Niveau statt, was gerade auch durch die von *Leenen* genannten Urteile belegt werde. Es fehle die Methodik der Anwendung des Richterrechts und diese sollten die Richter entsprechend herausarbeiten. *Detlef Leenen* erklärte, dass er die Rechtsquellenproblematik nicht ausdrücklich angesprochen habe, weil er sehr am Überlegen sei. Die Grundlage dafür, dass er das Beschriebene als Rechtssetzung bezeichne, sei das europäische Primärrecht, zum Beispiel die Verpflichtung zur Durchsetzung der Rechtsvereinheitlichung durch die Verträge. Wenn die Vertragsstaaten dazu verpflichtet seien, dann müssten auch die Organe dieser Vertragsstaaten diese Verpflichtung haben. Wenn dazu die Gerichte gehörten, hätten auch Gerichte diese Verpflichtung. Das habe ihm *(Leenen)* zunächst einmal genügt, um nach der konkreten Verpflichtung bzw. der Qualität der methodischen Antworten zu fragen. Er behaupte nicht, dass erst über die Rechtsprechung Recht entstehe, sondern seine Frage sei, ob aus den Verträgen mit den Verpflichtungen, die er genannt habe, nicht bestimmte Methoden in bestimmten Verfahren der Entscheidung zugrunde zu legen seien. Ob das rechtsquellentheoretisch genügend abgesichert ist, sei eine klare Frage. Im Bereich des deutschen Rechts scheine es so, dass gewisse Dinge aus der Verfassung abzuleiten seien. Brauche man darüber hinaus Richterrecht als Rechtsquelle?

Karl Riesenhuber stellte an *Bernd Rüthers* die Frage, ob alle Methodenlehre rechtlich voll determiniert sei. Dass es rechtlich vorgegebene Methodengrundsätze und Grenzen gebe, sei einfach zu belegen, etwa durch das Analogieverbot im Strafrecht, welches in der Verfassung steht. Herr *Rüthers* habe verschiedene Verfassungsnormen genannt; Artikel 3 GG fehlte eigentlich noch. Beide Referenten hätten zudem an verschiedenen Stellen von Methodenwahl gesprochen, nur sei er sich nicht sicher, wie sie den Begriff verwendeten und glaube, dass begriffliche Klarheit wichtig wäre. Sei mit Methodenwahl oder mit der Freiheit der Methodenwahl gemeint, dass man sich entscheiden könne, ob man z.B. *Larenz* oder einem ökonomischen Theoretiker folge, oder meinten Methoden in diesem Sinne die Auslegungskriterien? *Detlef Leenen* betonte daraufhin, dass in allen Texten des EuGHs, die von Auslegung oder Interpretation sprächen, immer auch Rechtsfortbildung gemeint sei. Dies sei wesentlich zum Verständnis der Entscheidungen. Er habe deshalb einen eigenen Abschnitt zur Rechtsfortbildung, zu den Grenzen der Rechtsfortbildung, weil es in Bezug darauf andere und gravierendere Kriterien gebe als im Bereich des Wortlauts nach deutschem Verständnis. Zur Methodenwahl habe er am Beispiel der Fallbesprechung von *Martin Schwab* in der JuS gesagt, er glaube, dass ein deutsches Gericht nicht frei sei zu sagen, es nehme gegen den zur richtlinienkonformen Auslegung gelangenden Gesichtspunkt deutsche systematische Gesichtspunkte. Damit würde die Verpflichtung verletzt, im Rahmen des methodisch Möglichen zu einem richtlinienkonformen Ergebnis zu gelangen. Zur Methodenwahl, die auch bei *Rüthers* ein sehr zentrales Thema gewesen sei, müsse man immer ansetzen bei der Frage der Unterscheidung zwischen Rechtsfindung und der Begründung von Entscheidungen. Er (*Leenen*) glaube, dass es auf die Frage, wie man Entscheidungen finde, schlicht nicht ankomme. Man könne nicht die Menschen darauf untersuchen, nach welchen Kriterien sie wirklich Entscheidungen fällen. Er wisse, dass sein eigener akademischer Lehrer *Karl Larenz* wohl überzeugt gewesen sei, dass seine Methodenlehre eine Methodenlehre der Entscheidungsfindung sei und wenn man seine Kriterien richtig anwenden würde, fände man das richtige Ergebnis. Er habe ihm auch brieflich und persönlich mehrfach mitgeteilt, dass er das anders sehe und lehre in seiner Veranstaltung. Es komme darauf an, wie eine Entscheidung begründet werde und ob sie mit vertretbaren methodischen Argumenten begründet werde. Das diese methodischen Erwägungen auch bei der Entscheidungsfindung helfen könnten, stehe auf einem anderen Blatt. Was hingegen in die Entscheidungsfindung u.a. psychologisch hineinspiele, sei nicht justiziabel nachprüfbar. Wenn er von Methodenwahl spreche, so beziehe sich das auf ein Ergebnis, das dem Richter als angemessen erscheine und die Frage, ob er dafür tragfähige methodische Argumente finden könne. Er könne sich darüber gar nicht aufregen. *Bernd Rüthers* ergänzte, dass ihn die Frage von *Karl Riesenhuber* an viele und ausgiebige Gespräche erinnere, die er mit *Wolfgang Zöllner* und mit *Winfried Hassemer* geführt habe. Das Wort „Rechtsfindung", das ja geläufig auch in höchstgerichtlichen Entscheidungen auftauche, wäre immer der Hinweis darauf, dass das Gefundene im Gesetz nicht vorhanden gewesen sei. Man habe es finden müssen, das heißt erfinden. Das Wort Rechtsfindung sei somit immer ein Indiz für interpretative Normsetzung. Wenn das Gesetz nachweislich einen Inhalt habe, dann könne man auslegen und das Ergebnis begründen. Aber was man nicht auslegen könne, müsse man einlegen und dies sei dann der schlichte Tatbestand der (unvermeidlichen) Bildung von Richterrecht. Artikel 3 GG habe er bewusst vermieden, da der Begriff der Gleichheit ein zutiefst ideologischer Begriff sei. Die Entscheidung, was gleich ist, sei keine physikalische, sondern eine Wertungsentscheidung. Diese hänge von weltanschaulichen Voraussetzungen ab. Bis man dahin komme, die Ehe mit einer gleichgeschlechtlichen Lebensgemeinschaft im Angesicht des Art. 6 Abs. 1 GG, „die Ehe steht unter dem besonderen Schutz der staatlichen Ordnung" gleichzustellen. Es hätte der methodischen Ehrlichkeit genügt zu sagen, man wolle Ehe und gleichgeschlechtliche Lebensgemeinschaften gleichsetzen. Aber dann hätte man eine Verfassungsänderung vorlegen müssen. Das BVerfG dehne nahezu ständig in seiner Auslegung Art. 79 GG unzulässig aus. Verfassungsänderungen seien jedoch einer verfassungsändernden Mehrheit in beiden gesetzgebenden Körperschaften vorbehalten. Die schlichte Trennung zwischen Auslegung und Rechtsfortbildung sei in der Verfassungsfrage besonders deutlich, im Alltag des Amtsgerichtes aber genauso wichtig.

Fritz Jost (Bielefeld) bezog sich auf den von *Leenen* eingeführten und nachgewiesenen Begriff des Methodenrechts. Er selbst glaube, dass der Bereich dessen, was man Methodenrecht nennen könne, also normative Vorgaben dazu, wann welche Methoden mit welchem Ziel angewendet werden müssten, sehr klein sei. Dabei würde er von dem, was *Detlef Leenen* angesprochen habe, zwei größere Komplexe von vorne herein abziehen. Zum einen den Bereich der richtlinienkonformen Auslegung und zum andern auch den Bereich der verfassungskonformen Auslegung. Dabei gehe es nicht um Fragen des Methodenrechts, sondern um Fragen des Vorrangs von Regeln vor anderen Regeln, also um die Normenhierarchie. Das bei der Bestimmung der Normenhierarchie methodische Probleme auftreten und zu lösen seien, das wolle er *(Jost)* damit nicht bestreiten. Im Übrigen habe er den Eindruck, dass er letztlich mit *Karl Riesenhuber* übereinstimme. Es gebe sicherlich normative Vorgaben für die Anwendung von rechtswissenschaftlichen Methoden; er würde hier auch Art. 20 Abs. 3 GG nennen und beispielsweise – sowohl verfassungsrechtlich wie einfachgesetzlich abgesichert – das Analogieverbot im Strafrecht. Man könne sicherlich auch unter Bezug auf das Rechtsstaatsgebot, so wie er *Bernd Rüthers* verstanden habe, eine Art Transparenzgebot fordern, wonach klar zu machen sei, wo schlichte Auslegung ende und willentlich vorgenommene Rechtsfortbildung beginne. Vielleicht wäre es auch gut, wenn es wenig Methodenrecht gäbe und *Detlef Leenen* habe die Methodenlehre treffend auf eine Begründungslehre zurückgestutzt, da sie keine Rechtsfindungslehre sei. Beim Methodenrecht würden dieselben Probleme wie beim Recht überhaupt auftreten, d.h. es würde in vielen Fällen der Auslegung bedürftig sein, sodass man möglicherweise in eine Art infiniten Regress hineinkommen würde. Wenn man die zahlreichen Paragraphen, also positiv niedergelegte Regeln, gerade in älteren Kodifikationen ansehe, die methodische normative Vorgaben machen, so habe er (*Jost*) den Eindruck, dass diese als Rechtsregeln gedachten Regeln nicht sehr erfolgreich waren.

Thomas Grosse-Wilde (Universität Bonn) richtete an *Bernd Rüthers* eine kritische Nachfrage, ob er ihn richtig verstanden habe, dass nicht nur das Grundgesetz das einfache Recht oder eben die Methodenlehre des einfachen Rechts determiniert, sondern auch seine eigene Auslegung. Außerdem habe sich *Rüthers* sehr stark gemacht für eine historische oder historisch-teleologische Auslegung. Das würde so weit führen, dass – da die Mehrheit der Mütter und Väter des Grundgesetzes die Strafbarkeit oder zumindest das Verbot der Homosexualität und der Kuppelei wollte – es also auch eine teleologische Reduktion des BVerfG wäre, dass es dem Sittengesetz keinen eigenständigen Gehalt mehr neben dem Schrankenvorbehalt gibt oder sei das nicht doch Auslegung? *Grosse-Wilde* zog den Vergleich zum US-amerikanischen Recht und der Frage, ob man einem legal originalism folgen solle und die Verfassung auslegen wie die founding fathers, wo es noch die Sklaverei gab. So wichtig es sei, kein Richterkönigtum zu errichten, so müsse doch die Frage erlaubt sein, wo die Rechtsfortbildung beginne und wo noch reine Auslegung stattfinde und das gehe vielleicht auch weiter. *Bernd Rüthers* antwortete:

> „Ich mache mir die Antwort ganz einfach. Das Sittengesetz ist eine Generalklausel. Auch die Väter und Mütter des Grundgesetzes waren sich klar darüber, dass die Vokabel Sittengesetz einem dynamischen Wandel der Auffassung unterworfen ist. Das ist ähnlich wie Treu und Glauben oder gute Sitten, die ändern sich mit jedem politischen System. Die Richter, die wir in fünf Systemen nacheinander erlebt haben, die „mündigen Richter“, die waren immer überzeugt, ihr Urteilsspruch sei der einzig richtige Maßstab für das, was Treu und Glauben und die guten Sitten und dem Sittengesetz entsprach. Wir dürfen uns die Rechtsordnung und auch die Verfassungsordnung nicht einfach als einen monolithischen Block darstellen, sondern einen breiten Strom der Veränderung. Aber Veränderung bitte in den Bahnen, die die Verfassung dafür vorgesehen hat, nicht dass wenige Richter im ersten oder zweiten Senat über die Verfassungsänderung entscheiden, wo in Wirklichkeit eine entsprechende verfassungsändernde Gesetzgebung notwendig ist.“

Wolfgang Schild bezog sich noch einmal auf das „Problem *Schwab*“ und fragte, ob es wirklich um Auslegungsfragen oder nicht eher um eine Differenz zwischen Auslegung und Anwendung gehe, d.h. dass man unter Umständen das völlig korrekt gefundene Auslegungsergebnis nicht anwenden dürfe. Das habe man im Strafrecht auch, beispielsweise bei der Analogie. Es gebe keine Grenzen der Auslegung, sondern Grenzen der Anwendung, was er genauer ausführte.

Man könne sagen, es gehe gar nicht mehr um das BGB, sondern das BGB werde verstanden als Konkretisierung des EU-Rechts. Und damit sehe man das, was auch *Jost* gesagt habe, den Stufenbau. Das bedeute, man dürfe den Text des BGB nicht mehr als solchen, sondern immer nach den EU-Wertungen lesen mit der Folge, dass man nicht mehr BGB „mache", sondern eine europäische Variante, nämlich die deutsche Variante des Privatrechts oder des Verbraucherrechts. Die letzte Frage bleibe aber, wie das EU-Recht auszulegen sei. Hier brauche man auch eine Methodenlehre. Auch die Entscheidungen des Gerichts und müsse man auslegen. Hier könne man auch wieder dieselben Auslegungsmethoden anwenden, grammatikalisch, systematisch usw. Man tue so, als würde man der Auslegungsproblematik dadurch entgehen, indem das, was die EU-Gerichte sagen, einfach als verbindlich festgesetzt angesehen werde. Aber auch das müsse doch ausgelegt werden. Welche Texte lege man denn im Zivilrecht überhaupt noch aus? Im Strafrecht habe man das Glück, dass das EU-Recht keine Rolle spiele – noch, aber man stehe vor dem Chaos. Gehe es wirklich noch um die Auslegung des BGB oder müsse man jetzt das BGB anders versehen und habe man im Ergebnis dann ein Auslegungsproblem. *Detlef Leenen* gab zunächst seine Beobachtung wieder, dass der EuGH selbst Methodenregeln entwickele, wie man es man aus dem anderen Rechtskreis kenne. Im Common Law und US-Recht seien es die Gerichte, die selbst sagten, welche Sätze für die Auslegung von Gesetzen hier gelten sollen. Das sei nicht völlig unbekannt. Er *(Leenen)* glaube, dass es um die Auslegung des BGB gehe und dass das, was *Schwab* – den er so sehr verehre – gemacht habe, großartig sei, wenn da nicht die Frage wäre, ob man im Anwendungsbereich von Richtlinien noch einfach die herkömmlichen Methoden zur Auslegung nach bisherigen Kriterien verwenden dürfe. Das deutsche BGB sei keine Unterabteilung des europäischen Privatrechts. Aber es gebe besondere Auslegungsregeln im Anwendungsbereich von Richtlinien. Die nächste Frage sei, ob es nicht auch die deutsche, akademische Methodenlehre erfordere, dass man darauf hinweise, dass ein deutsches Gericht so nicht entscheiden dürfte, oder wie *Wolfgang Schild* es bezeichnet habe: als Anwendungsproblem. *Bernd Rüthers* stimmte dem zu und ergänzte zur Frage von *Wolfgang Schild*, dass man zweierlei unterscheiden müsse. An der Anwendung einer Auslegung werde man durch eine obere Rechtsnorm gehindert, was eine Frage der systematischen Auslegung sei. Die Anwendungsschranke werde vom System her geboten, was problemlos sei. Ganz anders liege es, wenn man sage, der Richter, der das Ergebnis der Auslegung für zutiefst ungerecht halte, müsse Naturrecht anwenden. Das sei dann das Naturrecht des BGH, aber woher nehme er es, wenn es nicht in der gesetzten Rechtsordnung stehe? Das Naturrecht sei der Aufstand gegen das geltende Recht und der Rechtspositivismus die Alltagsweisheit der Juristen.

Uwe Wesel stimmte *Rüthers* in seiner Beschreibung des Richterrechts zu, auch für das BVerfG. Aber es fehle ihm ein Hinweis darauf, dass die Richter in

Karlsruhe am BVerfG nicht irgendwelche seien, sondern durch ein bestimmtes Verfahren ernannt werden. Acht Richter in jedem Senat würden bestimmt durch ein Verfahren des Ausgleichs zwischen im Wesentlichen zwei großen politischen Blöcken in der Bundesrepublik, die dafür sorgten, dass immer ausgewogene Richterernennungen stattgefunden hätten. Es seien lange Verhandlungen, die dann zu einer Mehrheit im Bundestag und im Bundesrat führten und damit diesen acht Richtern in einem Senat eine Legitimation geben, die man doch auch bedenken müsse, selbst wenn es sich um Art. 6 GG handele. Natürlich spiele auch der Zeitgeist eine Rolle, auch wenn Herr *Rüthers* meine, das gehe zu weit. Es sei ähnlich wie mit der Auslegung des BGB – das BVerfG sei eben zuständig für die Auslegung des Grundgesetzes. Und dann komme man zu diesem Ergebnis, das Herr *Rüthers* im Fall des Art. 6 GG sicherlich mit einer gewissen Berechtigung für unrichtig hält. Aber er müsse auch bedenken, dass – um den Ausdruck von *Niklas Luhmann*, der an dieser Universität gelehrt habe, zu benutzen – eine gewisse „Legitimation durch Verfahren" dahinterstehe. *Bernd Rüthers* erwiderte: „Wenn es um das Loblied des BVerfG geht, lasse ich mich auch von Ihnen nicht überbieten." Es sei eine der wertvollsten Erfindungen der Nachkriegszeit, dass es dieses Gericht gebe. Seine Leistungen für die Stabilität dieses Systems seien unvergleichlich. Aber das BVerfG sei an das Grundgesetz gebunden und dazu geschaffen, es zu hüten, nicht zu verändern (Art. 79 GG).

Gerhard Otte kam auf das Stichwort Methodenwahl zurück und fragte, ob man den Begriff wirklich so verwenden sollte, wie es weithin der Fall sei und wie er wohl auch von Herrn *Rüthers* gebraucht wurde. Müsse man nicht Argumentwahl sagen? Selbst das würde er noch reduzieren: der Wortlaut liefere vielleicht ein Argument, die Entstehungsgeschichte liefere ein Argument, der systematische Zusammenhang liefere ein Argument, teleologische Überlegungen lieferten Argumente. Wenn man aber nur eine Methode wähle, stehe man außerhalb des Rahmens der Methodenlehre, vorausgesetzt, dass es einen verbindlichen Methodenkanon gebe. Bezüglich der Entstehungsgeschichte könne das allerdings in Frage gestellt werden, weil insoweit die objektive und die subjektive Theorie auseinander liegen. Die anderen drei Auslegungskriterien würden von allen anerkannt. Wenn das so sei, dann gehöre zur Methode auf jeden Fall die Berücksichtigung aller drei oder vier möglichen Kriterien. Das Ergebnis der Suche nach den Kriterien könne nun so sein – und hier bezog sich Herr *Otte* auf seinen Vortrag –, dass man noch vor einer Gewichtungsaufgabe stehe. Die dann notwendige, unterschiedliche Gewichtung der verschiedenen Argumente würde er aber nicht als Wahl bezeichnen. Es sei allerdings eine Festsetzung. Argumente würden also notwendigerweise bewertet und für welche Ansicht die stärksten Argumente sprächen, dafür sollte sich der Rechtsanwender entscheiden. Er solle nicht zwischen verschiedenen Methoden wählen, sondern die eine Methode sinnvoll anwenden. Das Wort Methodenwahl lege immer die Assoziation nahe, es sei ja alles beliebig. Und Beliebigkeit bei der Auslegung des Rechtes halte er für rechtswidrig.

Patrick Tschech (Mitarbeiter von *Carsten Herresthal* in Regensburg) bemerkte, an die herkömmliche Unterscheidung zwischen Auslegung und Rechtsfortbildung anknüpfend, dass es nur im Bereich der Rechtsfortbildung darum gehe, den Richter methodisch zu binden, insbesondere durch Feststellung einer Lücke. Wenn man aber mit der pragmatischen Linguistik davon ausgehe, dass der Text an sich noch nicht die Bedeutung „mit sich führe", sondern dass Bedeutung zugeschrieben werde vom Interpreten, dann sei es eigentlich notwendig, normative Vorgaben zu machen, welche Methode man verwenden solle, um überhaupt eine Gesetzesbindung des Richters herstellen zu können. Dies sei der Ansatz der Vertreter der strukturellen Rechtslehre, die er jedenfalls insoweit überzeugend fände. Andernfalls könne der Richter sich jeder Methodik bedienen und dem Text auch jeglichen Sinn zuschreiben. *Bernd Rüthers* bedankte sich bei *Patrick Tschech* für diesen Hinweis. Die Konstanzer Schule der Rezeptionsästhetik vertrete die These, der Text als solcher sei oft sinnlos. Er bekomme seinen Sinn entweder vom Autor oder vom Rezipierenden. Beim Gesetzestext handele es sich nicht um einen Novellentext oder einen Romantext oder einen lyrischen Text, sondern um ein Gebot. Und die erste Frage der Auslegung sei daher, was der Normsetzer mit diesem Satz regeln wollte. Welche Gestaltung der Gesellschaft habe er angezielt. Und das sei die erste Pflicht des juristischen Interpreten. Das heiße „in denkendem Gehorsam", wie *Philipp Heck* das so schön formuliert habe. Der Richter sei also nicht königlich frei in der Normsetzung. Anderes gelte nur, wenn das Gesetz überhaupt nichts sage oder die Situation sich völlig verändert habe, was *Bernd Rüthers* mit arbeitsrechtlichen Beispielen belegte. *Leenen* ergänzte, dass es letztlich um unterschiedliche Auffassungen der von der Verfassung vorgeschriebenen Gewaltenteilung gehe. Ein Teil der Ausbildung der Rechtsordnung liege auch bei der Rechtsprechung, nicht alles bei der Gesetzgebung. Und diese Grenze zu bestimmen, in der jeder seine Aufgabe wahrnimmt, bedeute, dass die Rechtsfindung durch Richter und durch Gerichte ein wenig ihren Schrecken verliere. Das sei Teil der Aufgabe der Justiz. Mit den Worten *Herresthals*: Wenn die noch aktuelle Wertungsentscheidung des Gesetzgebers missachtet werde, gebe es eine Grenze, die nicht überschritten werden dürfe. Wenn man sich aber im Rahmen der noch aktuellen Wertungsentscheidung des Gesetzgebers bewege, werde man Konsequenzen ziehen müssen für die Rechtsfortbildung, die so zunächst im Gesetz selbst nicht angelegt war. Das halte er *(Leenen)* für eine sehr wichtige Unterscheidung.

Christian Nierhauve nahm Bezug auf die Anmoderation der Tagung, die er gewissermaßen als aufklärerisches Vorhaben begreife, als Selbstvergewisserung und Neuverortung dessen, wie wir Recht denken und anwenden. Dem Schluss des Vortrages von *Bernd Rüthers* habe er Zweifel entnommen und frage sich, ob es für das aufklärerische Ansinnen nicht angebrachter wäre, die erkenntnistheoretische Frage von normativen Vorgaben zu trennen, die das Recht vorgebe und so verstehe er auch *Detlef Leenen*. Wenn man vom Willen des Gesetzgebers spreche, dann würde er als Rhetoriker sagen, argumentiere man bereits in diesem Moment. Auch dann, wenn die objektive Auslegung angeblich etwas befehle. Man habe so nichts, was gewissermaßen einer wissenschaftlichen Methode gleich etwas hervorbringe, wenn man in der Metaphorik des Hinausholens oder des Auslegens spreche. All dies seien Argumentationen und keine methodisch neutralen Vorgänge. Daher laute seine Frage, ob es nicht ein Stück weit das aufklärerische Vorhaben beschädige, wenn man sich in diesem Vokabular bewege; verstelle es nicht den Blick auf die Dinge. *Bernd Rüthers* bezog sich daraufhin auf den Konsens, dass jeder Normsetzer einen gesellschaftlichen Sachverhalt regeln wolle, dass der Anlass der Normsetzung in einer lebendigen Demokratie der repräsentierende Wille des Volkes sei, dass die Gesellschaft an diesem Ort aussehen so aussehen solle. Diese Jurisprudenz müsse – auch die methodischen Fragen – so formulieren können, dass jeder normale Bürger mitgeteilt bekomme, warum etwas so geregelt sei, welchem Ziel es diene. Davon lebe die Demokratie, dass das Recht akzeptiert werden, rational von vernünftigen Leuten nachvollzogen werden könne. Dabei dürfe man sich nicht verlieren und am Anfang der Demokratie stehe der Gesetzgeber. Er sei der erste gewesen, der das Richterrecht als eine eigenständige Rechtsquelle bezeichnet habe. Richterrecht sei das, was diese Gesellschaft gestalte, nicht der Gesetzestext. Die letzten Instanzen, die Anwälte und die Amtsrichter entschieden, was in diesem Land Recht sei. Nicht der Gesetzgeber, der darauf angewiesen sei, dass das BVerfG den Willen des Verfassungsgesetzgebers erfüllt. Deswegen sei er ja für die Methodenstrenge auch für das BVerfG. Dieses müsse sich an seine eigenen Spielregeln halten und sei dazu da, die Verfassung zu schützen, nicht zu verändern und das in einer gemeinverständlichen Sprache.

Nese Kanicioglu (Bielefeld) berichtete, dass sie gerade eine Doktorarbeit zum Thema Argumentationstechniken des BGH in kaufrechtlichen, patentrechtlichen, gesellschaftsrechtlichen und produkthaftungsrechtlichen Entscheidungen geschrieben habe. Dabei habe sie festgestellt, dass der BGH die Methodenlehre nicht ausschöpfe. In diesem Zusammenhang sei sie auch auf die Besetzung des BGH aufmerksam geworden, weil eine OLG-Richterin geklagt hatte mit der Begründung, sie sei trotz Bewerbung übergangen worden. Das Gericht habe gemeint, es könne darüber nicht entscheiden, weil das Verfahren intransparent sei. Da habe sie am System gezweifelt und sei enttäuscht, denn sie hätte mehr erwartet, gerade wenn es um die Besetzung des BGH gehe. Das seien doch Bundesrichter, es müssten eigentlich Diamanten sein, sie habe da eine hohe Erwartung. Man müsse bei der Besetzung dieser Ämter ansetzen und darauf achten, dass die ausgewählten Personen gleichzeitig glänzende Wissenschaftler seien. Mit dem Argument, „wir können nicht überprüfen, ob man da gerecht entschieden hat, das Verfahren ist nicht transparent" gestehe das Gericht staatliches Versagen ein. *Bernd Rüthers* verwies auf die Ausführungen von *Uwe Wesel* zur Auswahl der Bundesverfassungsrichter. Für dieses Gericht wie für alle Bundesgerichte gelte inzwischen, dass um jede einzelne Stelle politisch gekämpft werde. Es seien nicht nur fachliche Gesichtspunkte entscheidend, sondern auch Vorverständnisse, Parteizugehörigkeit, Karriere und das Netzwerk, das der einzelne Kandidat für eine Bundesrichterstelle oder für das Bundesverfassungsgericht mitbringe. Das Bundesrichterrecht werde von einer Sozialisationskohorte gemacht, die sehr unterschiedlich zusammengesetzt sei, auch was die weltanschaulichen Vorverständnisse angehe. Bisher sei es im Großen und Ganzen gelungen, da stimme er mit *Wesel* überein, aber zur Idealisierung dieses Wahlverfahrens bestehe nicht der geringste Anlass. Nur kenne man kein besseres. Die hohen Erwartungen, die *Nese Kanicioglu* an den Bundesgerichtshof stelle, seien sicher berechtigt, aber das seien alles Bundesrichter, die jahrzehntelang von der Methodenlehre an der Universität kaum etwas gehört hätten, schon gar nicht von der Rechtsperversion in der DDR und im Nationalsozialismus, das sei der methodische Bewusstseinsstand.

Wertungsjurisprudenz und objektive Zurechnung im Zivilrecht

Der Einfluss von Karl Larenz auf die frühe Rechtsprechung des BGH[1]

Lena Kunz

I. Einleitung

Uns haben mindestens zwei Fragen hier zusammen geführt: einerseits diejenige nach der Wissenschaftlichkeit juristischer Methodenlehre und andererseits die Frage, inwieweit eine wissenschaftlich reflektierte Methodenlehre die Rechtspraxis tatsächlich beeinflusst oder beeinflussen kann. Mit meinem Beitrag möchte ich diesen zweiten Aspekt aufgreifen und der Frage nachgehen, inwieweit Erkenntnisse der sog. Wertungsjurisprudenz aus den Nachkriegsjahren die Rechtspraxis tatsächlich beeinflusst haben. Hierbei wird *Karl Larenz*, ein Rechtswissenschaftler mit erheblichem Einfluss auf Rechtsdogmatik und Methodenlehre, und die Figur der sog. objektiven Zurechnung im Mittelpunkt stehen.

Warum dieser Zusammenhang? Weil vieles dafür spricht, dass es *Karl Larenz* war, der die objektive Zurechnung im heutigen Sinn aus der hegelianischen Philosophie in die zivilrechtliche Rechtsdogmatik überführte. Man kann ihn deshalb auch als den Erfinder einer *rechtsdogmatisch* verstandenen Zurechnung bezeichnen.

1. Objektive Zurechnung als rechtsdogmatische Figur

Die objektive Zurechnung kann man durchaus als eine dogmatische Figur bezeichnen, jedenfalls dann, wenn man sie als ein Lösungsmuster für dogmatische Frage oder jedenfalls als eine Haftungsvoraussetzung im Deliktsrecht begreift. Die objektive Zurechnung war ab den Nachkriegsjahren zunächst im Deliktsrecht äußerst prominent und tauchte bereits ab den frühen sechziger Jahren des

[1] Die Vortragsform wurde beibehalten. Fragen zur Genese, Dogmatik und Methode der zivilrechtlichen Zurechnung sind Gegenstand eines aktuellen Forschungsprojekts.

vorherigen Jahrhunderts in sehr vielen weiteren Bereichen des Zivilrechts auf, etwa – um nur einige wenige Beispiele zu nennen – bei der Auslegung von Willenserklärungen, der Störerbestimmung in § 1004 Abs. 1 BGB oder als Risikozurechnung bei den vertraglichen Gefahrtragungsregelungen. Heute ist die objektive Zurechnung in Rechtsdogmatik und Rechtsprechung omnipräsent. Dabei scheint aber keiner so genau zu wissen, was es damit eigentlich auf sich hat – weder in methodischer noch in dogmatischer Hinsicht.

2. Wertungsjurisprudenz als Paradigmenwechsel in der Methodenlehre?

Soweit ersichtlich nimmt die Rechtspraxis die objektive Zurechnung erst nach dem Ende des zweiten Weltkrieges auf. Warum ist das so? Sind es möglicherweise methodische Paradigmenwechsel, angestoßen von der Rechtswissenschaft in der Nachkriegszeit, die diese Hinwendung zur objektiven Zurechnung ausgelöst haben? Ist die zunehmende Populartität der objektiven Zurechnung in der rechtsdogamtischen Texten und Judikaten vielleicht dem Einfluss von *Karl Larenz* geschuldet?

Bevor ich all dem weiter nachgehen werde, ist klarstellend darauf hinzuweisen, dass es in der methodengeschichtlichen Forschung äußerst umstritten ist, ob die sog. Wertungsjurisprudenz tatsächlich etwas methodisch gänzlich Neues geschaffen und insoweit als ein Paradigmenwechsel bezeichnet werden kann. Mit dem Begriff des Paradigmenwechsels verbinde ich hier keine bestimmte wissenschaftstheoretische Konzeption. In diesem Begriff soll an dieser Stelle nur die hoch umstrittene Frage nach dem Verhältnis der *Heck*'schen Interessenjurisprudenz und der sog. Wertungsjurisprudenz zugespitzt werden. Während manche nämlich die Wertungsjurisprudenz als eine fundamentale Neuerung der Methodenlehre seit der Nachkriegszeit betrachten, gibt es andere, die sie lediglich als eine umgetaufte Interessenjurisprudenz, ein Fortwirken des Freirechtsdenkens aus den zwanziger Jahren zu Beginn des letzten Jahrhunderts begreifen. Und wieder andere vertreten, es handele sich bei Wertungsjurisprudenz um eine verdeckte Fortsetzung bestimmter Aspekte nationalsozialistischen Rechtsdenkens.

3. Fragestellung

Ich werde diese wichtige methodengeschichtliche Streitfrage heute nicht weiter aufgreifen. Stattdessen will ich den Blick auf die Frage richten, ob und inwieweit sich etwaige wertungsjurisprudentiellen Vorstellungen von *Karl Larenz* in der Rechtspraxis durchsetzen konnten. Für die objektive Zurechnung wird sich zeigen, dass sich nicht *die* Wertungsjurisprudenz schlechthin durchgesetzt hat, auch nicht *die* Wertungsjurisprudenz von *Karl Larenz*, sondern dass es eher unscharfe Kopien hiervon sind, in denen sich nämlich teils alltagssprachliche

Wendungen, also das Reden von Zurechnung, mit praxisorientierten Vorstellungen von Methode mischen.

II. *Karl Larenz'* Zurechnungsbegriff zwischen Rechtsdogmatik und Methodik

Doch was ist Zurechnung? Zurechnung ist heute ein Zentralbegriff des deutschen Zivilrechts, der sich allerdings, wenn man von der amtlichen Überschrift des § 166 BGB („Wissenszurechnung") und § 13 BGB („zugerechnet") absieht, nicht im BGB findet. Und auch in der amtlichen Überschrift des § 166 BGB erscheint er erst seit der Schuldrechtsmodernisierung im Jahre 2002. Er spielt dennoch in der deliktsrechtlichen Dogmatik und Judikatur eine zentrale Rolle und zwar immer im Zusammenhang mit der Kausalitätsbestimmung.

1. Der teleologische Zurechnungsbegriff bei Karl Larenz

Ich bin mir sicher, dass es nun so viele Vorstellungen über die objektive Zurechnung wie Zuhörer im Raum gibt. Das ist nicht verwunderlich – denn der Zurechnungsbegriff ist heute konturenlos. Das war aber nicht immer so. *Karl Larenz* hatte eine sehr genaue und ausgearbeitete Vorstellung von dem, was unter Zurechnung zu verstehen sei. Er entwickelte seinen komplexen Zurechnungsbegriff in seiner Göttinger Dissertationsschrift, die im Jahre 1927 – also noch in der Weimarer Republik – erschien. In dieser Arbeit war die Zurechnung begrenzt auf das Deliktsrecht und dort vor allem auf die vorsätzliche Verschuldenshaftung aus § 823 Abs. 1 BGB. *Larenz'* Zurechnungsverständnis gründete im Wesentlichen auf *Hegels* Grundlinien der Philosophie des Rechts, erschienen 1821. Hierbei sind allerdings verschiedene Textschichten auseinanderzuhalten: Einerseits gibt es *Hegels* Ausgangstext und andererseits *Larenz'* Darstellung von *Hegels* (Rechts-)Philosophie, die auf einer vermittelnden Textschicht beruht, die wiederum im Wesentlichen *Julius Binders* Arbeiten, dem akademischen Lehrer von *Karl Larenz*, und von Werken des Philosophen *Richard Groner* geprägt ist. Ob und inwieweit *Larenz Hegels* Texte verzerrt rezipierte, muss hier aus Zeitgründen offen bleiben.

Ausgehend vom Hegelianismus seiner Zeit formte *Larenz* einen teleologischen Zurechnungsbegriff, der – und das ist äußerst bedeutsam – in der Rechtsdogmatik als ein Gegenmodell zur bislang herrschenden Adäquanztheorie fungieren sollte. Ich werde hier die Adäquanzformel jener Zeit nur grob umreißen, ohne auf die vielen verschiedenen Nuancen näher einzugehen. Die Adäquanzformel des Reichsgerichts lautete häufig dahingehend, dass eine Ursache adäquat kausal sei, wenn sie im Allgemeinen und nicht nur unter besonders eigenartigen, ganz unwahrscheinlichen und nach dem regelmäßigen Lauf der Dinge außer Betracht zu lassenden Umständen zur Herbeiführung des eingetretenen Erfolges geeignet gewesen sei. Auch innerhalb der reichsgerichtlichen Rechtsprechung gibt es zahlreiche Varianten dieser Formel. Als Kausalitätskriterien werden objektive Vorhersehbarkeit des Erfolges oder Schadens (sei es *ex ante* oder *ex post*), die Ungewöhnlichkeit des Kausalverlaufs nach allgemeiner Lebenserfahrung oder nach einer Wahrscheinlichkeitsbetrachtung, die Gefahrenerhöhung oder die generelle Eignung, den Erfolg oder Schaden herbeizuführen, als Kriterien bemüht. Allen ist gemein, dass sie inhaltlich wenig bestimmt sind und dem Richter große Freiheit bei der Bestimmung des Kausalzusammenhangs gewähren. Damit geht einher, dass niemand sicher vorhersagen kann, wie ein Einzelfall im Hinblick auf den Kausalzusammenhang zu entscheiden ist.

Larenz warf dem herrschenden Adäquanzdogma zwar nicht vor, inhaltlich zu unbestimmt zu sein, aber auf einem „positivistischen" und „scientistischen" Fundament zu stehen. Inwieweit dieser Vorwurf bereits in der Weimarer Republik ideologisiert war, muss hier aus Zeitgründen außen vor bleiben. Dass die objektive Zurechnung an die Stelle des herrschenden Adäquanzdogmas trat, gelang *Larenz*, wie die Entwicklungen der Nachkriegsjahre noch zeigen werden, allerdings nur in Teilen und mit bedeutsamen Abstrichen; dazu gleich mehr.

Der junge *Larenz* entwickelte – ausgehend vom Vorwurf des Positivismus – sodann seine sog. Identifikationsthese. *Larenz* nimmt an, dass einem Subjekt Veränderungen in der Umwelt (verstanden als Natur) nur zugerechnet werden können, wenn sich das Subjekt mit diesen Änderungen in der Umwelt identifizieren kann. Diese Identifikation gelingt nur über den Willen des Subjekts und den darin liegenden Zweck. *Larenz* meint damit, dass sich das Subjekt nur mit denjenigen Veränderungen identifizieren könne, die mit der Handlung ein Ganzes bildeten, das wiederum durch den Zweck beherrscht werde. Hierzu ein Beispiel, das auf *Hegel* zurückgeht und von *Larenz* aufgegriffen wurde: Wenn ich ein Streichholz nehme und mit diesem Streichholz einen Balken anzünde, dann ist das Anzünden des Balkens von meinem Willen getragen. Aber was ich eigentlich will, was der Zweck meiner Handlungen ist, wird erst dann klar, wenn ich frage, was – wohl von außen betrachtet – die Zielsetzung des Anzündens ist, nämlich das gesamte Gebäude in Brand zu setzen. *Larenz* stellt genau wie *Hegel* also auf das – wie auch immer zu ermittelnde – Ganze der Handlung ab. Dieses Ganze tritt aber erst über den Zweck, den das Subjekt verfolgt, zu Tage.

2. Die methodischen Konturen der objektiven Zurechnung

Doch wie funktioniert objektive Zurechnung? Wie muss der Richter objektiv zurechnen? Das ist bei *Karl Larenz* durchaus ambivalent, weil Selbst- und Fremdzurechnung in einem unklaren Verhältnis stehen. Dabei muss man bedenken, dass das Subjekt bei *Larenz* nicht eines ist, wie wir es uns vielleicht vorstellen, also keines, was in irgendeiner Form nur für sich alleine steht und frei ist, sondern ein Subjekt, das Teil einer sog. Gemeinschaft ist. Der Begriff der Gemeinschaft ist für *Larenz* wichtig, wohingegen *Hegel* in seinen *Grundlinien* zu keinem Zeitpunkt von Gemeinschaft, sondern immer nur von der bürgerlicher Gesellschaft spricht.

Bei *Larenz* scheint es so, dass es eben diese Gemeinschaft ist, die darüber entscheidet, ob etwas objektiv zugerechnet wird oder nicht. Das Subjekt muss sich also den Vorstellungen der Gemeinschaft beugen: Es geht um Fremdzurechnung. In späteren Schriften aus der Nachkriegszeit hat sich *Larenz* um *methodische* Präzisierung des Zurechnens bemüht. Dazu schlug er den Bogen zur Wertung und ordnete die objektive Zurechnung bei der Rechtsfortbildung *extra legem*, aber *intra jus* ein. Die Zurechnungsentscheidung, so führt *Larenz* an verschiedenen Stellen aus, könne nur wertend und in Abwägung der Tatverantwortung getroffen werden.

3. Zwischenbefund

Damit lässt sich festhalten, dass *Larenz* mit seiner objektiven Zurechnung – ganz egal, ob nun bewusst, unbewusst oder gar manipulativ – eine zivilrechtliche Figur geschaffen hat, die dem Richter keinerlei praktikable Vorgaben macht, *wie* zuzurechnen ist. Insoweit unterscheidet sich die objektive Zurechnung nicht von der Willkürlichkeit der Adäquanzformel.

III. Reaktionen aus der Rechtspraxis

Doch wie nahm die Rechtspraxis *Karl Larenz'* Figur der objektiven Zurechnung auf? Soweit ersichtlich zunächst gar nicht. Das mag damit zusammen hängen, dass *Larenz'* Doktorarbeit zunächst als eine primär rechtsphilosophische Arbeit und nicht als ein rechtsdogmatisches Werk wahrgenommen wurde, wenngleich die Dissertation eine rechtsdogmatische Zielsetzung verfolgte. Hinzu kommt, dass *Larenz'* Dissertation ohne philosophisches und vor allem philosophiegeschichtlichtes Hintergrundwissen äußerst schwierig zu lesen ist und vielleicht schon deshalb eher bestimmten Fachkreisen vorbehalten war.

1. Reichsgerichtliche Praxis

In der reichsgerichtlichen Praxis konnte ich bislang weder vor 1933 noch während der NS-Zeit eine Entscheidung finden, in der Zurechnung als *rechtsdogmatische* Kategorie, wie sie *Larenz* entwickelt hatte, verwendet wurde. Hier sind meine Untersuchungen allerdings noch im Fluss.

2. 1951: Die Wende in BGHZ 3, 261 („Lindenmaier-Entscheidung")

Die Wende kam in den Nachkriegsjahren und zwar im Jahre 1951 mit der Entscheidung BGHZ 3, 261, die mit hoher Wahrscheinlichkeit aus der Feder von *Fritz Lindenmaier* stammt. Ich nenne sie deshalb auch die Lindenmaier-Entscheidung. *Fritz Lindenmaier* war nach seiner Tätigkeit als Senatspräsident im I. Zivilsenat des Reichsgerichts Mitglied im I. Zivilsenat des BGH unter Leitung von *Hermann Weinkauff.*

Was geschah in BGHZ 3, 261? Ich verzichte aus Zeitgründen auf den Sachverhalt und fasse lediglich kurz zusammen, wie entschieden wurde. In dem deliktsrechtlich gelagerten Fall führte *Fritz Lindenmaier* aus, objektive Zurechnung sei nichts anderes als Adäquanz, die wiederum nach Billigkeit und Zumutbarkeit zu bestimmen und in § 242 BGB zu verankern sei. Dazu zitiert er – neben seiner eigenen Schrift – *Karl Larenz'* zweibändiges Lehrbuch *Vertrag und Unrecht*, obwohl *Larenz* dies weder dort noch an anderer Stelle vertrat. *Larenz* verwahrte sich vielmehr hiergegen ausdrücklich und betonte, dass die Zurechnungsentscheidung weder eine Frage der Billigkeit noch in § 242 BGB zu verankern sei. In der Entscheidung des I. Zivilsenats heißt es aber:

> „(...) Es darf dabei freilich – worauf *Lindenmaier* aaO S 239, 241 (Anm. Verf.: Hier wird auf *Lindenmaier*, Adäquate Ursache und nächste Ursache, in: Zeitschrift für das gesamte Handelsrecht und Konkursrecht Bd. 113, S. 207 aus den Jahren 1949/50 verwiesen.) hinweist – nicht der Ausgangspunkt der Untersuchung aus den Augen verloren werden: nämlich die Suche nach einem Korrektiv, das den Kreis der rein logischen Folgen *im Interesse billiger Ergebnisse* auf die *zurechenbaren* Folgen einschränkt. Nur wenn die Rechtsprechung sich dessen bewußt bleibt, daß es sich hier nicht eigentlich um eine Frage der Kausalität, sondern um die Ermittlung der Grenze handelt, bis zu der dem Urheber einer Bedingung eine Haftung für ihre Folgen *billigerweise zugemutet* werden kann, also im Grunde um eine positive Haftungsvoraussetzung (*Larenz,* Vertrag und Unrecht 12, 14; *Lindenmaier* aaO S. 239, 241/42), wird die Gefahr einer Schematisierung der Formel vermieden und die *Ermittlung richtiger Ergebnisse* gewährleistet." (Rn. 16, zit. nach juris; Hervorhebungen von Verf.).

Seit Veröffentlichung von BGHZ 3, 261 lässt sich in Rechtsprechung und Literatur beobachten, dass die objektive Zurechnung oft als ein Synonym für Adäquanz gebraucht wird. Das ist erstaunlich. Denn *Larenz* wollte mit der objektiven Zurechnung gerade ein Gegenmodell zur positivistisch empfundenen Adäquanztheorie schaffen. Dennoch wirken *Larenz'* schriftliche Äußerungen seit den Nachkriegsjahren manchmal so, als habe er die objektive Zurechnung schon immer als eine Ausdeutungsweise der Adäquanztheorie verstanden. Bisweilen ist bei ihm auch zu lesen, der BGH meine eigentlich das, was *Larenz* in seiner Doktorarbeit vertreten habe, und bezeichne dies aber als Adäquanztheorie.

Ob *Larenz* so verfuhr, weil er seine Zurechnungslehre in die Nachkriegszeit retten wollte, konnte ich bislang noch nicht klären. Auffällig ist aber, dass er an vielen Orten immer wieder auf seine bislang in rechtsdogmatischen Kreisen eher wenig aufgenommene Doktorarbeit verweist. Möglicherweise kann *Larenz* so verfahren, weil ihm bislang niemand vorgeworfen hat, in seiner Dissertation nationalsozialistisches Gedankengut verwertet zu haben. Ob das Zurechnungsverständnis des (jungen) *Larenz* nicht tatsächlich doch nationalsozialistisch geprägt war, ist freilich eine andere Frage, die hier offen bleiben muss.

3. Die Konstellation Hermann Weitnauer – Fritz Lindenmaier – Karl Larenz

Wie kam es aber dazu, dass der BGH die objektive Zurechnung in Verkennung von Larenz' Ansatz als Adäquanz bezeichnete und hierzu *Larenz* zitierte? Ein Erklärungsmodell könnte die Konstellation aus *Hermann Weitnauer*, *Karl Larenz* und *Fritz Lindenmaier* bieten.

Zunächst ein kurzer Exkurs zum Konzept der *Konstellation*. Zunächst ist klarzustellen, dass Konstellation nicht Verschwörung meint, sondern schlicht das – auch zufällige und gänzlich unbewusste – Zusammenwirken von Personen in einem bestimmten Zeitkontext und -rahmen. Ich experimentiere hier mit dem aus der Philosophiegeschichte bekannten Modell der Konstellationsforschung, das möglicherweise auch im Grenzbereich zur Rechtsgeschichte Ertrag verspricht. Übertragen auf die Rechtsgeschichte geht es also bei der Konstellationsforschung darum, rechtsdogmatische Entwicklungen nicht nur anhand von literarischen Textschichten bzw. Äußerungen nachzuvollziehen, sondern auch das Zusammenwirken der Akteure jenseits ihrer einzelnen literarischen Äußerungen zu analysieren.

Hermann Weitnauer hat im Jahre 1939 § 249 BGB kommentiert und zwar nicht in irgendeinem Kommentar, sondern in dem führenden NS-Kommentar, der von *Franz Schlegelberger* und *Werner Vogels* herausgegeben wurde. Dort führte *Weitnauer* aus, dass man das hässliche Wort *Adäquanz* durch das deutsche Wort *Zurechnung* ersetzen müsse. Hierzu beruft sich *Weitnauer* aber nicht auf *Larenz*. Allerdings greift *Fritz Lindenmaier Weitnauers* Kommentierung auf und zitiert sodann *Larenz*. Warum *Lindenmaier* so verfahren ist, muss hier offen bleiben.

4. Fritz Lindenmaier: Objektive Zurechnung als richterliche Billigkeitsentscheidung

Die Formel *Lindenmaiers*, wonach objektive Zurechnung eine reine Billigkeitsentscheidung sei, wurde später von *Larenz*, aber auch von anderen wie *Josef Esser* scharf kritisiert. Die Rechtsprechung hat die Billigkeitsformel jedoch bereitwillig aufgegriffen. Dies veranschaulichen die beiden folgenden Beispiele aus den frühen fünziger Jahren des letzten Jahrhunderts.

LG Berlin (West), Urteil v. 19.4.1955, Az. 2 S 14/55, in: VersR 1955, 365: „Bei der Lehre vom adäquaten Kausalzusammehang handelt es sich nicht um einen echten Verursachungsgrundsatz, sondern um eine aus § 242 BGB abgeleitete Art, die Grenze festzustellen, bis zu der eine Haftung noch zugemutet werden kann (Palandt, Vorbem. 6c zu § 249 BGB). Diese Grenze zu ermitteln, ist in jedem einzelnen Fall Frage des richterlichen Ermessens." (S. 365).

BGH (III. Zivilsenat), Urteil v. 24.4.1952, Az. III ZR 100/51, in: NJW 1952, 1010: „Bei der Prüfung, ob ‚Adäquanz' gegeben ist, handelt es sich nicht eigentlich um eine Frage der Kausalität, sondern um die Ermittlung der Grenze, bis zu der dem Urheber einer Bedingung eine Haftung für ihre Folgen *billigerweise zugemutet* werden kann. Da es sich bei dieser Haftungsbegrenzung um eine urteilende, abschätzende Wertung handelt, die ihrer Natur nach *dem richterlichen Ermessen einen gewissen Spielraum* gewährt, läßt sich zwar insbesondere nach der unteren Grenze der Wertung hin eine gewisse Unbestimmtheit, ob noch ein erfahrungsgemäß erheblich zu nennendes Maß von Begünstigung des Erfolges vorliegt, nicht ausschließen. Eine solche Unbestimmtheit läßt sich aber auch bei Anwendung anderer wichtiger Rechtsbegriffe, wie des Verstoßes gegen die guten Sitten, des wichtigen Grundes und vor allem des Grundsatzes von Treu und Glauben, nicht vermeiden. Der Gedanke der adäquaten Verursachung kann lediglich eine allgemeine Richtlinie geben. Die Frage, ob und in welchem Umfang ein haftungsauslösender Ursachenzusammenhang gegeben ist, wird sich durch abstrakte Regeln nie völlig erschöpfend beantworten lassen, sondern wird in Zweifelsfällen nur unter Würdigung aller Umstände *durch den Richter nach freiem Ermessen entschieden* werden können; und nur wenn berücksichtigt wird, *daß die Lehre von der adäquaten Verursachung eine in § 242 BGB ihre Grundlage findende Haftungsbegrenzung zum Gegenstand hat, wird die Gefahr einer Schematisierung der Formel vermieden und die Ermittlung richtiger Ergebnisse gewährleistet (BGHZ 3, 261 [267]; Lindenmaier in Zeitschrift für das gesamte Handelsrecht und Konkursrecht 113, 239–243)*." (S. 1010f.; Hervorhebungen von Verf.).

IV. Von der Billigkeit zur Wertung: Objektive Zurechnung als Wertungsentscheidung?

Bereits Mitte der fünfziger Jahre des 20. Jahrhunderts setzt jedenfalls sprachlich betrachtet eine Wende ein. Jetzt spricht der III. Zivilsenat des BGH nicht mehr undifferenziert von Adäquanz oder Zurechnung, sondern hebt hervor, dass die Zurechnung argumentativ und sprachlich im Wege einer sog. wertenden Beurteilung getroffen werden müsse. Zurechnung und Wertung stehen fortan in einer (sprachlichen) Symbiose.

Wird die objektive Zurechnung jetzt also methodisch anders konturiert? Aus meiner Sicht ist das nicht der Fall. Denn anhand dieser frühen Entscheidung aus den fünzigern Jahren kann man noch keine deutliche Abgrenzung zwischen der Adäquanz und objektiven Zurechnung erkennen. Zur Wende kommt es erst mit einer Entscheidung des VI. Zivilsenats des BGH aus dem Jahre 1972: die sog. Grünstreifen-Entscheidung (BGHZ 58, 162). Erst jetzt wird eine wichtige dogmatische und vielleicht auch methodische Differenz eingeführt, die ich vorwegnehme, bevor ich auf den Sachverhalt näher eingehe. In der Grünstreifen-Entscheidung war der Ursachenzusammenhang nach der Adäquanzformel wohl recht eindeutig zu bejahen, so dass also eine Haftung zu bejahen war. Nun aber sucht der Senat nach einer Art Haftungsbremse im Einzelfall und argumentierte, dass eine Zurechnung im Wege einer wertenden Betrachtung hier dennoch scheitern müsse. Es kommt also zu einer dogmatischen Verschiebung: Die objektive Zurechnung wird von der Adäquanzformel abgelöst und als eigenständiger und letzter Filter über die Adäquanzformel gelegt.

Hat man mit dem Rekurs auf die sog. wertende Betrachtung nun in der Rechtspraxis wertungsjurisprudentielle Erkenntnisse oder *die* Wertungsjurisprudenz von *Karl Larenz* aufgenommen? Mein vorläufiger Befund hierzu ist eher ernüchternd. Es wird sich zeigen, dass *Karl Larenz'* Methodenlehre nicht direkt, sondern allenfalls über seine Dogmatik in die Rechtspraxis einging. Seine dogmatischen Arbeiten fungieren also wie eine Art Schleuse für seine philosophischen und methodischen Annahmen (Dogmatik als „Methoden-Schleuse").

Doch bevor ich hierauf näher eingehe, stelle ich kurz und in sehr groben Umrissen *Karl Larenz'* wertungsjurisprudentielle Position dar und kontrastiere sie knapp mit derjenigen von *Harry Westermann*.

1. Harry Westermanns und Karl Larenz' Wertungsjurisprudenz im Vergleich

Für *Harry Westermann* ergeben sich Wertungen immer nur aus dem Gesetz selbst. Es sind die Wertungen, die der Gesetzgeber gefällt und der Richter herauszuarbeiten hat. Ist das Gesetz lückenhaft, muss der Richter Wertungen immer aus dem System selbst ableiten. Das Herleiten einer Wertung aus rechtsethischen Prinzipien, die sich nur im allgemeinen Rechtsbewusstsein finden, ist *Westermann* – soweit ersichtlich – fremd; *Westermanns* Gerechtigkeitsidee ist rechtstheoretisch anders konzipiert als diejenige von *Larenz*. *Westermann* will „überpositive Wertungen" vielmehr an das Grundgesetz rückbinden. Die Grundrechte sind aus Sicht *Westermanns* normiertes Naturrecht.

Larenz verfolgt einen gänzlich anderen Ansatz. Am deutlichsten wird das an seinem Gedanken, die objektive Zurechnung als eine Rechtsfortbildung *extra legem*, aber *intra ius* zu begreifen. Für ihn sind rechtsethische Prinzipien, solange sie nur Teil eines so genannten allgemeinen Rechtsbewusstseins sind, durchaus eine Rechtfertigung, um das Recht fortzubilden. Wertungen, die die Richter in diesem Zusammenhang treffen, sind aber nach *Larenz* keineswegs Gefühlsakte oder irrationale Akte, sondern „ein an Rechtsgrundsätze gebundenes Werten mit Hilfe eines (...) ‚wertorientierten' Denkens." Eine „restlose Rationalisierung aller Lebensvorgänge" lasse sich nach *Larenz* aber weder erreichen, noch sei dies wünschenswert. *Larenz* verankert die Frage, ob objektiv zugerechnet wird, zwar ausdrücklich nicht in §242 BGB, aber die methodische Antwort sieht er – wie er sagt – in der „Abwägung der Tatverantwortung“ und zwar *extra legem*. Wertung und Wahrscheinlichkeitsurteile sind für *Larenz* methodische Gegensätze. Dass seine philosophische Matrix dabei „dem Praktiker als uninteressant, als eine bloße rechtsphilosophische Spekulation“ erscheinen mag, nimmt er (zumindest in den Nachkriegsjahren) ausdrücklich hin.

2. 1972: Die Grünstreifen-Entscheidung des VI. Zivilsenats (BGHZ 58, 162)

Nun aber zurück zur Grünstreifen-Entscheidung des BGH: Was war passiert? Hier ist zunächst wichtig, das Urteil der BGH im Kontext eines anderen, früheren Grünstreifen-Falls zu betrachten. Bereits im Jahre 1955 hatte das LG Düsseldorf einen ähnlich gelagerten Fall zu entscheiden. Die Entscheidung des Landgerichts wurde von der Literatur – auch von *Larenz* – heftig kritisiert.

Die Sachverhalte der beiden Entscheidungen sind weitgehend identisch: Auf einer Autobahn verunglücken zwei Fahrzeuge, die stehenbleiben und verhindern, dass nachkommende Fahrzeuge passieren können. Einige Fahrzeugführer entschließen sich deshalb, wohl weil sie nicht auf das Eintreffen der Polizei warten wollen, den angrenzenden Grünstreifen zu nutzen, um an den verunglückten Fahrzeugen vorbeizufahren. Dabei beschädigen sie den Grünstreifen erheblich. Als die Polizei am Unfallort eintrifft, waren die Grünstreifen-Benutzer nicht mehr zu ermitteln. Aus diesem Grund wollen sich die öffentlichen Wegeeigentümer an Führer und Halter der verunglückten Fahrzeuge halten und diese für die Schäden am Grünstreifen haftbar machen.

Das LG Düsseldorf hatte im Jahre 1955 entschieden, dass ein Haftungszusammenhang bestehe und eine Haftung von Fahrzeughalter und -führer bejaht. Denn es liege nicht außerhalb jeglicher Wahrscheinlichkeit, dass es im Straßenverkehr mangelnde Disziplin geben könne. Zudem sei der Kausalzusammenhang durch das eigenmächtige Überqueren des Grünstreifens nicht unterbrochen worden. So mussten die Führer und Halter der verunfallten Fahrzeuge auch für die Schäden am Grünstreifen aufkommen.

Der VI. Zivilsenat entscheidet im Jahre 1972 anders. Der Senat stellt sich auf den Standpunkt, dass trotz adäquater Verursachung (Rn. 11, zit. nach juris) bei „wertender Betrachtung“ kein Haftungszusammenhang bestehe (Rn. 15 f., zit. nach juris). Mit Blick auf den Grünstreifen seien die „ungeduldigen Kraftfahrer“ „‚Herr‘ des schadensstiftenden Geschehens“ gewesen – eine Formulierung, die übrigens auch *Larenz* in seiner Anmerkung zur Entscheidung des LG Düsseldorfs so gewählt hat. Aus „freien Stücken“ hätten sich die hinzukommenden Kraftfahrer zum Überqueren des Grünstreifen entschieden (Rn. 15, zit. nach juris). Diese Kraftfahrer seien die „eigentlichen Schadensurheber“ (Rn. 6, zit. nach juris).

Festzustellen sind damit zunächst sprachliche Parallelen zu *Larenz'* Ausführung in verschiedenen früheren Urteilsannotationen („*Herr* seines Tuns", „*freie* Handlung eines Dritten"; *Urheber* statt Veranlasser; Hervorhebungen von Verf.), aber auch in der Sache greift das Gericht hier durchaus *Larenz'* (spätere) Vorstellung vom unterbrochenen Kausalzusammenhang auf.

Nach *Larenz* kommt es nämlich nicht darauf an, ob der Dritte vorsätzlich, sondern ob er frei (wenn auch schuldlos) handelt und dieses Handeln in keiner Zweckbeziehung zu dem vorangegangenen Ereignis steht. Methodisch stellt *Larenz* zuvor klar, dass der „richtige Kern (...) der Lehre von einer ‚Unterbrechung des Kausalzusammenhanges'" in einer Abwägungsentscheidung liege. Das Kriterium der Zweckbeziehung soll diesen Abwägungsvorgang wohl weiter strukturieren. So schreibt *Larenz*, dass eine Tatzurechnung nur ausscheidet,

> „wenn der Erfolg durch die freie Handlung eines Dritten herbeigeführt ist und dessen Verantwortlichkeit in solchem Maße überwiegt, daß demgegenüber die bloße Verursachung durch den ersten bedeutungslos ist." (*Larenz*, NJW 1958, 627 a.E; ebenso bereits in *Larenz*, NJW 1955, 1009, 1012).

Wenn auch der VI. Zivilsenat wohl nicht ausdrücklich auf die Zweckbeziehung abstellt, so nähert er sich dieser Überlegung von *Larenz* doch zumindest argumentativ an. Denn er führt aus, dass die Verantwortungsbereiche im Straßenverkehr deutlich getrennt seien. Eine Haftung für die Schäden am Grünstreifen komme deshalb allenfalls dann in Betracht, wenn die Schäden entstanden wären, weil herankommende Fahrzeuge dorthin hätten ausweichen müssen, um nicht mit den verunfallenden Fahrzeugen zusammenzustoßen (nicht aber, wenn die Schäden entstanden, weil einige Fahrzeugführer einfach nur schneller vorankommen wollten) (Rn. 16, zit. nach juris).

Man könnte also mit *Larenz* sagen, dass diejenigen, die den Grünstreifen überqueren, nicht ausweichen *wollen* (Wille), *um* einen Auffahrunfall *zu* vermeiden (Zweck), sondern ausweichen *wollen* (Wille), *damit* sie schneller vorankommen (Zweck). Eine Zweckbeziehung zwischen Unfall und Überqueren des Grünstreifens bestehe deshalb nicht. Dies führt nochmals zum teleologischen Zurechnungsbegriff, den *Larenz* bereits in seiner Doktorarbeit entwickelt hatte. Das entscheidende Zurechnungskriterium ist hiernach der sog. Zweck. Nur wenn das Subjekt seinen Zweck in den Veränderungen der Umwelt realisiert sieht, können ihm Veränderungen zugerechnet werden. Denn nur dann kann sich das Subjekt mit Veränderungen identifizieren (Identifikationsthese). *Larenz* baut diesen Ansatz in seinen *rechtsdogmatischen* Arbeiten aus den fünfziger Jahren des vorherigen Jahrhunderts zu einer sog. Zweckbeziehung um. Diesen Ansatz greift sodann der VI. Zivilsenat auf.

Hinzu kommt, dass der Senat die Grünstreifen-Problematik nicht mit der Schutzzwecktheorie gelöst hat, obgleich die Schutzzwecktheorie gerade in jener Zeit prominent vertreten und diskutiert wurde. Mit der Schutzzwecktheorie schien der Senat den Fall nicht lösen zu wollen. Stattdessen führte er als letzten Haftungsfilter eine sog. wertende Betrachtung ein, nachdem adäquate Kausalität sowie Zusammenhang mit der Betriebsgefahr und Schutzzweck von § 7 StVG bejaht worden waren.

V. Schlussfolgerung: Rechtsdogmatik als „Methoden-Schleuse"

Was folgt aus alledem? Ob und inwieweit die wertungsjurisprudentiellen Vorstellungen von *Karl Larenz* in der Rechtspraxis Widerhall gefunden haben, lässt sich natürlich anhand dieser punktuell herausgegriffenen Beispielen nicht abschließend beantworten. Gesichert ist jedoch, dass die Zivilsenate des BGH (aber auch Untergerichte) gleichermaßen, wenn auch zeitversetzt, von wertender Betrachtung sprechen, wenn sie zurechnen. Welches Werten im methodischen Sinne damit jeweils gemeint ist, wird aber aus den Judikaten (allein) nicht offenkundig.

Allerdings haben die mit dem Deliktsrecht befassten Senate häufig *Karl Larenz'* dogmatische Arbeiten aufgegriffen. Diese Arbeiten fungieren – etwa im Grünstreifen-Fall des VI. Zivilsenats – als eine Schleuse für *Larenz'* philosophische Annahmen, die er sowohl in seiner Methodenlehre als auch seinen *dogmatischen* Abhandlungen zur objektiven Zurechnung umgesetzt hat. Dass über *Larenz'* rechtsdogmatische Arbeiten zur objektiven Zurechnung auch methodische und rechtsphilosophische Prämissen Eingang in die Rechtsprechung gefunden haben, bedeutet freilich nicht per se, dass *Larenz* selbst ein Einschleusen beabsichtigte. Immerhin werden aber rechtsphilosophische bedeutsame Begriffe wie *Herr* oder *Urheber*, die *Larenz* bereits in seiner Dissertation entwickelt und später in allein rechtsdogmatischen Kontexten verwandt hat, vom BGH argumentativ aufgegriffen. Spätestens jetzt sind sie Teil des rechtsdogmatischen Repertoires der Rechtsprechung. Damit steht am Ende der – wenn auch nur vorläufige – Befund, dass weniger *Karl Larenz'* Methodenlehre als seine methoden- und philosophiegeleiteten *dogmatischen* Arbeiten die Rechtspraxis beeinflusst haben dürften. Dabei kennzeichnet seine rechtsdogmatischen Arbeiten nach dem Zweiten Weltkrieg nicht nur, dass sie fortlaufend methodenreflektiert waren, sondern auch den Anspruch erhoben, auf einem – freilich wandelbaren – philosophischen Fundament zu stehen.

Zusammenfassung der Diskussion

Die nachfolgende Diskussion bezog sich neben dem vorstehend abgedruckten Vortrag von *Lena Kunz* auch auf den Vortrag von *Karl Riesenhuber* zum Thema „Die Bedeutung der Rechtsvergleichung für die Rechtsfindung, insbesondere des Europäischen Privatrechts“, der unter dem Titel „Rechtsvergleichung als Methode der Rechtsfindung?“ in der AcP 218 (2018) S. 693–723 in stark erweiterter Fassung erschienen ist.

Maximilian Herberger (Saarbrücken) bezog sich auf die Aussage, dass die Lektüre von Schlussanträgen der Generalanwälte eher kontraproduktiv, rechtsstaatlich bedenklich sei. Das habe ihn irritiert, weil ein EuGH-Richter, dem er voller Stolz erzählte, wie fleißig er EuGH-Entscheidungen lese, ihm gesagt habe: „Sie machen einen kardinalen Fehler. Sie müssen die Schlussanträge mitlesen, denn das ist der einheitliche Text. Die EuGH-Urteile sind Antworten auf das, was die Generalanwälte ausgeführt haben, selbst wenn sie nicht explizit zitiert werden.“ Jetzt sehe man seinen Entscheidungskonflikt für die Zukunft, solle er im Ruhestand noch Schlussanträge lesen oder nicht? *Karl Riesenhuber* erwiderte, es sei tatsächlich das, was man überall lese. Die Aussage könne aber schon deswegen nicht undifferenziert gelten, weil der EuGH den Schlussanträgen keineswegs immer folge und darauf auch nicht immer Bezug nehme. Soweit der EuGH es tue, habe er *(Riesenhuber)* nichts dagegen, dass man die Schlussanträge auch berücksichtige und sich die Argumentation vor Augen führe. Ansonsten scheine ihm der Satz rechtsstaatlich ganz grundlegend zu sein, dass man nicht annehmen könne, der EuGH wolle seine Entscheidungen auf andere Erwägungen stützen, als die, die er in seiner Begründung angebe. Was sein konkretes Thema angehe, die Rechtsvergleichung, beziehe er sich auf *Basedow*, welcher sich wiederum auf das Beispiel *Simone Leitner* bezogen und gemeint habe, die Vorgehensweise von Generalanwalt *Tizzano* sei vorbildlich. Dem könne er nicht zustimmen. Abgesehen davon fahre *Basedow* fort, dass der EuGH seine Entscheidung allein aus der Richtlinie begründet habe. Wenn das so sei, dann erscheine die Annahme, die Rechtsvergleichung spiele eine Rolle, unplausibel und es scheine im Gegenteil der Schluss richtig, dass der EuGH seine Entscheidungen nicht darauf habe stützen wollen, sondern auf ihre Begründung aus der Richtlinie.

Christian Fischer (Jena) nahm zuerst auf den Vortrag von *Karl Riesenhuber* Bezug. Wenn man – gut vertretbar – die Methodenlehre als Fortsetzung der

Rechtsquellenlehre begreife, dann komme man vielleicht bei der Fragestellung „Rechtsvergleichung als Methode der Rechtsfindung“ zu differenzierenden Antworten. Daran schloss er die Frage an, ob ausländisches Gesetzesrecht und Richterrecht auch bindende Rechtsquellen seien oder ob man hier nicht zwischen Rechtserkenntnishilfen und Bereichen unterscheiden müsse; Auslegung/Rechtsfortbildung. In Bezug auf den Vortrag von *Lena Kunz* habe sich ihm die Frage aufgedrängt, ob die Wertungsjurisprudenz bei ihr vielleicht als Maßstab zu unscharf sei. Diese sei doch sehr offen, weil sich hinter diesem Begriff unterschiedlichste Vorstellungen verbergen würden. *Kunz* habe das in der Gegenüberstellung *Westermann-Larenz* deutlich gemacht. Wertungsjurisprudenz sei für ihn etwas, was vor allem in den 1950er Jahren in Münster nicht nur mit *Harry Westermann*, sondern auch mit *Hans Brox* und einer Vielzahl von anderen Personen als Fortentwicklung wohl des Denkens von *Philipp Heck* entstand, weil bei *Philipp Heck* die Interessen so unscharf geblieben seien. Das habe seiner Meinung nach relativ wenig mit *Karl Larenz* zu tun. *Christian Fischer* schloss mit dem Hinweis, dass es einen interessanten Wandel beim Verständnis von Wertungsjurisprudenz in Teilen des öffentlichen Rechts gebe, Stichwort Verfassungswertungsjurisprudenz. Im Einzelfall laufe letztlich alles auf Verfassungswertungen hinaus. *Karl Riesenhuber* fasste seine Meinung zur Rolle der Rechtsvergleichung noch einmal kurz dahingehend zusammen, dass sie keine Rolle spiele. *Fischer* spitze das sehr schön zu, wenn er nach ausländischem Recht und ausländischen Gerichtsentscheidungen frage – wenn man das weiter fasste als verbindliche Rechtsquellen – da wäre die Antwort für ihn: nein. Aber dass sie eine Rechtserkenntnisquelle sein könnten je nach Gegenstand, da sei er ganz einverstanden. *Kunz* gab *Fischer* zwar grundsätzlich recht, erläuterte dann aber ihren Versuch einer Gegenüberstellung so verschiedener Pole wie *Harry Westermann* und *Karl Larenz*, die der Rechts- und Wertungsjurisprudenz zugeordnet würden. Das Problem bei der objektiven Zurechnung beginne schon bei der Frage, wie sich diese Figur habe etablieren können. Man könne beobachten, dass dies besonders dann möglich gewesen sei, wenn die Gerichte von so genannter wertender Betrachtung gesprochen hätten. Deshalb sei sie auf diesen methodischen Wechsel zur Wertungsjurisprudenz gekommen, wolle aber dabei nicht stehen bleiben. Vielmehr habe sie auch schon die Methoden der Konstellationsforschung angesprochen und die Frage der Besetzung der Senate. Vor einem Jahr sei sie in Kiel gewesen und habe in den Promotionsalben recherchiert, wer bei *Karl Larenz* promoviert hätte. Sie glaube, dass man wissen müsse, wie es zur objektiven Zurechnung gekommen sei und dazu verstärkt auf die Akteure abstellen. Da helfe so ein Begriff wie Wertungsjurisprudenz nicht weiter.

Ingo Reichard (Bielefeld) fragte *Lena Kunz*, ob sie nicht *Karl Larenz* etwas zu viel Ehre antue. Der Fall, den sie so fein detektivisch, doppelgeschichtlich, juristisch und zeitgeschichtlich herausgearbeitet habe, sei dokumentarisch für den

Rang der erreichten oder derzeit herrschenden Methode, die man mit dem Begriff Wertungsjurisprudenz assoziiere. Die Linie, die man von *Rudolf von Ihering* über die Freirechtsschule zu *Philipp Heck* und dann zu dem, was vielleicht die Gegenwart sei, ziehen könne, sei eine gute Basis auch für die Zukunft. Aber ruhe nicht auch der junge *Karl Larenz* darauf auf, mit gewissen Eigenarten? Seine rechtsphilosophische Verwurzelung, die eigentümliche Modernität, Frische und Ahistorizität seiner Schriften, auch schon vor 1933, wenn man die lese, diese völlige Verweigerung des Historischen, das konkrete, sich den jugendlichen Lesern Anbiedernde, eigentümlich Frische und Moderne seiner Diktion, eine gewisse Bereitschaft zum Dezisionismus. Bemerkenswert wäre, dass der Bundesgerichtshof darauf in den 1950er-Jahren hereingefallen sei. Die Frage stelle sich, ob *Karl Larenz* ein immer noch überschätzter kleiner Punkt auf dem großen Weltschlag, der zur heutigen Wertungsjurisprudenz geführt habe, sei. *Lena Kunz* äußerte dazu, dass man die Rolle von *Karl Larenz* tatsächlich nicht überschätzen dürfe. Viele verschiedene Akteure hätten eine Rolle gespielt, wie *Fritz Lindenmaier* und *Hermann Weitnauer*, die unbewusst aber gemeinsam etwas konstruiert hätten, was dann *Karl Larenz* untergeschoben worden sei. Dieser Prozess könnte typisch sein und *Karl Larenz* wirke auch so groß und einflussreich, weil man ihm möglicherweise Sachen untergeschoben habe, die er so nicht publiziert habe. Sie hätte jedenfalls keine schriftliche Äußerung von ihm gefunden, dass er die objektive Zurechnung in § 242 BGB verankern wollte.

Sebastian Martens thematisierte noch einmal die Rechtsvergleichung, die man doch für die Begründungen des EuGHs mit Bezug auf die Rechtsordnungen der Mitgliedstaaten nutzen solle. Tatsächlich kämen diese Begründung im Wesentlichen durch copy und paste früherer Entscheidungen zustande. Wo es dann kleine Ergänzungen gäbe, sei man sehr ernüchtert. Das bedeute jedoch nicht, dass in den Diskussionen vorher nicht erheblich mehr passiert und insbesondere auch die Schlussanträge so etwas wie erstinstanzliche Urteile seien, die dann nur überprüft würden. Er glaube, dass darüber hinaus der EuGH Rechtsvergleichung immer dann verwenden sollte, wenn unionsrechtliche normative Vorgaben dies fördern, um insbesondere Konflikte zu den mitgliedsstaatlichen Rechtsordnungen zu vermeiden, soweit das innerhalb des Unionsrechts möglich sei. Sozusagen umgekehrt wie bei der richtlinienkonformen Auslegung, dass man sich auf europäischer Ebene anschauen müsse, welchen Spielraum der Auslegung es innerhalb des Unionsrechts gebe und welche Entscheidungen auf nationaler Ebene. Eines der möglichen Auslegungsergebnisse des Unionsrechts, das möglichst wenig Konflikte verursache, werde dann oft gewählt. *Karl Riesenhuber* antwortete, dass er versucht habe, die Unterscheidung zwischen empirischen Indizien und normativen Vorgaben deutlich zu machen. Auf die empirischen Indizien stützen sich nach seiner Durchsicht der Literatur diejenigen, die sich für eine rechtsvergleichende Auslegung aussprechen. Ihm scheinen die empirischen Indizien allerding schwach zu sein. Hinsichtlich der Schlussanträge der Generalanwälte seien auch die normative Unterfütterung zur Gleichsetzung mit erstinstanzlichen Urteilen unsicher, was *Martens* in seiner Arbeit zur Europäischen Methodenlehre geschrieben habe, zur Berücksichtigung des nationalen Rechts durch den EuGH einerseits und zu dem, was *Sebastian Martens* mitgliedsstaatenkonforme Auslegung nenne. Die Aspekte, die *Martens* dort ansprechen – Unionstreue, ein Grundsatz des Werts der Kohärenz und Subsidiarität – kennzeichnete er *(Martens)* selbst als nicht für sich voll überzeugend. Insofern sei er *(Riesenhuber)* jedenfalls einstweilen noch nicht überzeugt, im Gegenteil halte er das für nicht tragfähig.

Joachim Lege bemerke, dass der Name *Karl Larenz* bei ihm gewisse „Abstoßungsreaktionen“ hervorrufe und begann deshalb mit einem Kompliment für *Lena Kunz*: Die These „Rechtsdogmatik als Methodenschleuse“ finde er sehr gelungen. Er glaube, dass *Larenz* tatsächlich über diesen Begriff der objektiven Zurechnung seine – sehr fragwürdige – Methode eingeschleust habe, punktuell in diesem Fall, aber sicherlich auch in anderen Fällen. Er bitte besonders deshalb noch um Nachsicht, weil *Detlef Leenen Larenz*-Schüler sei und ihm dessen Vortrag ganz hervorragend gefallen habe. Aber bei *Larenz* müsse man nun doch den einen Punkt ansprechen, um den bisher weit herumgegangen worden sei, nämlich *Larenz'* Rolle im Dritten Reich. Das, was er dann nach 1933 geschrieben habe, das sei alles schon 1932 angelegt gewesen, in seiner Lehre vom konkret-allgemeinen Begriff, entwickelt in Anlehnung an *Hegel*. Ob das so ganz richtig sei, glaube er nicht. Dieser konkret-allgemeine Begriff habe dazu gedient, Dinge zu erfassen, die man – so *Larenz* ausdrücklich – verstandesmäßig nicht mehr erfassen könne, sondern nur wertungsmäßig. Das sei zum Beispiel die Figur des Führers gewesen, was das Volksempfinden ausmachte usw. Aber es sei jedenfalls eine Methode, die ganz explizit irrational, nicht verstandesmäßig sein wollte. Er *(Lege)* finde es skandalös, dass diese Methode in der Nachkriegszeit mit eingeschleust worden sei und dass *Larenz* daran festgehalten habe. Der entscheidende Punkt finde sich allerdings nur noch in einer Fußnote seiner Methodenlehre, in welcher er zum Wertungsbegriff geschrieben habe, dass er das damals aus dem allgemeinen Begriff hergeleitet habe und – auch wenn sich die Zeiten seither geändert hätten – halte er immer noch daran fest, dass dies methodisch der richtige Ansatzpunkt sei. Mit dieser Methode, die *Larenz* einschleuste, habe ein Methodenverständnis Einzug gehalten in das juristische Denken, das seinem *(Leges)* Verständnis von Methode sehr widerspreche. Das gleiche finde man dann in der Rechtsprechung, wenn es dort heiße, es gehe um die Ermittlung richtiger Ergebnisse und dafür brauche man einen Begriff, der so offen sei, dass man alles hineinlegen könne, was man hineinlegen möchte. Er *(Lege)* würde das bezeichnen als Heiligung der Methode durch das Ergebnis, während er selbst die Funktion der Methodenlehre darin sehe, Ergebnisse zu kritisieren, zu hinterfragen. Selbstverständlich würden Juristen immer (auch) vom Ergebnis her denken, das spiele in den gesamten Konstruktionen immer eine Rolle, ob man das Ergebnis am Ende auch vertreten könne. Aber die Methode sei nur dazu da, die beiden möglichen Wege, die immer bleiben – „Ja" oder „Nein" – soweit klar zu machen, dass man sagen könne, wie weit Kritik möglich sei. Methode sei dazu da, Ergebnisse zu kritisieren und nicht sie von vornherein zu heiligen. *Lena Kunz* erwiderte, dass sie natürlich in ihrer Forschung die NS-Zeit von *Karl Larenz* nicht ausgeblendet habe. Dass sie dazu jedoch nichts vorgetragen habe, liege daran, dass sie keine vorschnellen Thesen in den Raum stellen wolle, bevor sie eine fundierte Aussage treffen könne. Aber daran arbeite sie in ihrer Habilitationsschrift. Bei der Lektüre u. a. von „Vertrag und Unrecht", dem 1936/37 erschienenen Lehrbuch und Vorläufer des grünen Lehrbuchs der Nachkriegszeit, habe sie festgestellt, dass *Larenz* nie geschrieben habe, was in der *Lindenmaier*-Entscheidung stehe. Es finde sich nichts während der NS-Zeit, auch nicht in der Doktorarbeit und nicht später. Man müsse zwei Sachen unterscheiden: *Larenz* sei insoweit unter historischen Gesichtspunkten interessant, als er eben den Wandel bzw. keinen Wandel durchgemacht habe und es daher eine Kontinuität gäbe. Aber man müsse dann auch die Person ablösen von der dogmatischen Figur, denn dafür sei nicht nur *Larenz* grundlegend gewesen, sondern es habe eine Eigendynamik gegeben, angetrieben von *Fritz Lindenmaier*, warum wisse sie noch nicht, und auch *Hermann Weidenauer*. *Larenz* hätte aber schon einen maßgeblichen Beitrag geleistet. *Lege* bestätigte, dass *Larenz* offene Türen eingerannt habe. Das Ganze stehe auch im Kontext dieser Naturrechtsrenaissance in der Nachkriegszeit. Selbstverständlich hätten sich alle auf die richtigen Werte stützen wollen, nach den Erfahrungen der NS-Zeit. Damals habe man sich nach den richtigen Werten gesehnt. Aber er finde es trotzdem schlimm, dass ein falsches Methodenverständnis dann in diese Wertungseuphorie hineinführte. Der erste, wo man dann wieder ein bisschen lachen durfte, sei *Theodor Viehweg* gewesen. *Lena Kunz* ergänzte, dass man natürlich bei „objektive Zurechnung", „Typus" „konkret-allgemeiner Begriff" usw. denke, dass man jetzt erfasst habe, was es methodisch sei, aber *Larenz* habe sehr viel geschrieben. Sie habe bisher nirgends eine schriftliche Äußerung gefunden, in der er zum Beispiel den konkret-allgemeinen Begriff mit der objektiven Zurechnung in einen Zusammenhang bringe, oder auch das konkrete Ordnungsdenken. Das einzige, was sie gefunden habe, was er in der Nachkriegszeit schrieb, sei „Typizität der Schadensfolge" gewesen.

Detlef Leenen meinte, *Lena Kunz* habe alles in ihm verstärkt, was er an Vorbehalten gegen den Begriff habe. Wenn bei ihm jemand eine Doktorarbeit schreiben wollte über den Begriff der Zurechnung, dann könne er das nicht betreuen. Zu dem Fall, den *Kunz* genannt habe, erinnere er sich, wie *Jürgen Prölss* und er über den Grünstreifenfall des BGH mit *Larenz* diskutierten. Sie beide hätten die gleiche Abneigung gegen den Zurechnungsbegriff gehabt und ihr Einwand sei unter anderem gewesen, dass die Kriterien, die *Larenz* für die objektive Zurechnung entwickelt hatte, nur zum Deliktsrecht gepasst habe, nicht zur gleichzeitigen Haftung aus § 7 StVG, also aus der Betriebsgefahr des Fahrzeugs. Und sie hätten gefragt, ob er *(Larenz)* dann (konsequent) zu unterschiedlichen Ergebnissen kommen würde. Er *(Leenen)* wise nur, dass *Larenz* damals gesagt habe, er hätte den Bezug nicht genügend bedacht, ob da das gleiche herauskommen müsste. Aber er *(Leenen)* meine, dass jedenfalls nur die Deliktshaftung nach diesen Kriterien zu erfassen wäre.

Persönlich erzählte *Detlef Leenen*, dass er als Student Jura aufgegeben wollte und wie er dann *Larenz* kennengelernt habe. Der Vertrauensdozent der Studienstiftung, die ihn damals gefördert habe, hätte den Versuch gemacht, ob man *Leenen* retten könnte für die Juristerei. Und dieser Vertrauensdozent habe gefragt, ob es denn niemanden gebe, mit dem *Leenen* mal über seine Probleme mit dem Jurastudium reden könne. *Leenen* habe geantwortet, die Methodik sei ihm völlig unklar, was da eigentlich geschehe. Er habe damals die Methodenlehre von *Larenz* schon mehrfach gelesen und geglaubt, mit ihm darüber sprechen zu können. An *Larenz* sei natürlich niemand als Student im zweiten Semester herangekommen. Aber sein Vertrauensdozent habe *Larenz* geschrieben und kurze Zeit später sei *Leenen* eingeladen worden. 10 Uhr am Samstagmorgen und um 18 Uhr habe *Larenz* ihn wieder zum Zug gebracht. Den ganzen Tag habe er mit *Leenen* gesprochen, der damals, im Jahre 1962/63, nichts von den nationalsozialistischen Schriften gewusst habe. Er habe sicher den Fehler gemacht, nicht nachzuschauen, wer der eigene akademische Lehrer gewesen sei, aber er habe nie, in seinem ganzen Leben, bei *Larenz* irgendein Wort gehört, das ihn hätte misstrauisch werden lassen. Eine Kontinuität von nationalsozialistischem Denken mit dem, was man als akademischen Lehrer bei ihm gehört habe, sei für ihn unbegreiflich, denn es habe nichts gegeben, was er bemerkt hätte. Seine persönliche Schwierigkeit mit *Larenz* sei zum einen, dass er sich nicht erklären könne, was dieser Anfang der 1930er Jahre geschrieben habe, was so unsagbar sei, dass er es unerträglich, unvorstellbar finde. Und wie der gleiche Mann dann über mehrere Jahrzehnte völlig anders gesprochen habe, jedenfalls in seinen Ohren – das sei ihm bis heute unbegreiflich, außer wenn man Opportunismus unterstelle, persönliche Gründe, warum er sich angepasst habe. Er glaube aber, dass das allein nicht reiche. Es müsse eine Mischung gewesen sein. Die Methodenlehre von *Larenz* habe er immer gut gefunden, zwar nicht so, wie er sie meinte, aber sie sei eine wirkliche Hilfe gewesen. Und ihn habe ausgesprochen erstaunt, dass *Larenz* dann ein Buch „Richtiges Recht" geschrieben habe – ausgerechnet er! Über seine eigenen Äußerungen in einer wichtigen Phase stehe da nichts. Das sei ihm unerklärlich.

An *Lena Kunz* richtete *Leenen* die Frage, ob sie selbst den Unterschied machen würde, wenn sie den Fall lösen müsste, würde sie sagen, die Bewertungskriterien der objektiven Zurechnung taugten etwas für den einen Bereich, aber nicht für den anderen? Taugten sie für beide oder seien sie nicht für beide unpassend, was seine Meinung sei. *Kunz* wies zunächst auf die beiden Aufsätze von

Larenz hin, die dann in der Grünstreifen-Entscheidung verwertet worden seien, und die erste Annotation zum LG Düsseldorf, ebenfalls ein Grünstreifenfall grundsätzlich gleichem Sachverhalt. Dort tauchten die Formulierungen „aus freien Stücken" und „Herr des schädigenden Ereignisses" auf. Die Zweckbeziehung jedoch komme eigentlich aus einem Arzthaftungsprozess, also aus der Verschuldenshaftung und die habe dann der VI. Zivilsenat erstaunlicher Weise in die Gefährdungshaftung importiert. Das passe eigentlich nicht, aber – wenn man mit den Worten *Larenz'* formuliere, also „wollen, um zu ..." –, dann passe es doch, rein sprachlich gesehen. Das Problem, bei der objektiven Zurechnung von *Larenz* in seiner Doktorarbeit viel zu eng angelegt, habe sich aber dann wie eine Epidemie über ganz verschiedene Rechtsbereiche ausgebreitet. „Risikozurechnung" finde man ganz häufig, gerade bei den vertraglichen Gefahrtragungsregeln, bei der Störerhaftung, bei der Auslegung von Willenserklärungen, § 166 BGB. Es gebe also noch mehr Gründe, warum sich die objektive Zurechnung habe etablieren können. *Leenen* erklärte daraufhin, wie falsch der Begriff schon vom Ansatz her sei. Wenn in § 166 BGB gesagt werde, für Willensmängel komme es im Vertretungsrecht nicht auf den Vertretenen, sondern auf den Vertreter an, dann sei das nur die Konsequenz davon, dass der Vertreter selbst den Willen bilde und die Willenserklärung abgebe. *Susanne Hähnchen* ergänzte, dass auch sie schon lange Probleme mit der Kausalität habe und in der Rechtsprechung einiges nicht stimme. Diese Trennung zwischen haftungsbegründender und haftungsausfüllender Kausalität könnte man dazu nehmen. *Detlef Leenen* meinte, den Fehler habe *Larenz* gemacht mit dem Herausforderungskriterium. Es sei ein Kriterium der haftungsbegründenden Kausalität. Wieder habe er etwas gleichgestellt, ohne dies zu kennzeichnen. Hier gehe viel durcheinander, das gehöre zum Schwächsten, was er im Lehrbuch von *Larenz* kenne. Abschließend wies *Lena Kunz* auf den fehlgeschlagenen Versuch von *Larenz* hin, in seiner Doktorarbeit mit den zwei Teilen, dem rechtsphilosophischen und dem rechtsdogmatischen, einen Begriff von *Hegel* in die Rechtsdogmatik zu transferieren. Das habe gar nicht gelingen können, weil *Hegel* in seinen Grundlinien keine praktischen Lösungen anbieten wollte und das müssten Rechtsphilosophen ihrer Meinung nach auch nicht tun. Die Rechtsdogmatik hingegen müsse Lösungen anbieten für ganz konkrete Probleme. Da liege der Anfangsfehler, dass die Verknüpfung zwischen Rechtsphilosophie und Rechtsdogmatik jedenfalls in der Doktorarbeit nicht klar sei. Dem stimmte *Susanne Hähnchen* zu. Es sei auch in anderen Zusammenhängen zu beobachten, dass Rechtsphilosophie und Rechtsanwendung nicht sinnvoll getrennt würden, etwa bei der sogenannten *Radbruch*'schen Formel.

Autorenverzeichnis

Dr. Klaus Adomeit wurde 1935 in Memel (bis 1945 Ostpreußen) geboren und ist Professor i.R. für Bürgerliches Recht, Arbeitsrecht und Rechtsinformatik.

Zur Schule ging er in Bremerhaven. 1954 begann Adomeit das Studium der Rechtswissenschaft in Göttingen. In Erinnerung geblieben ist ihm vor allem die Digestenexegese bei Franz Wieacker. Promoviert wurde er 1960 in Heidelberg. Danach war er Assistent bei Hans Carl Nipperdey, erst in Kassel, später in Köln, wo er sich 1969 bei Wolfgang Zöllner habilitierte. Ab 1970 war er zunächst fünf Jahre Dozent, dann ab 1976 bis zur Altersruhe 2010 an der Freien Universität Berlin Professor. Seit 2003 ist er ständiger Gastprofessor in Granada.

Dr. Dr. h.c. Heinrich Honsell wurde 1942 in München geboren, ist deutscher und österreichischer Staatsbürger, Professor em. für Schweizerisches Privatrecht an der Universität Zürich und Honorarprofessor für Handels- und Wirtschaftsrecht an der Universität Salzburg.

Er besuchte das humanistische Gymnasium in Kremsmünster (Oberösterreich) und Miesbach (Oberbayern). Seine juristische Ausbildung erhielt er in Deutschland, wo er in München die Staatsexamina absolvierte. 1969 promovierte bei Wolfgang Kunkel und habilitierte sich 1972. Im selben Jahr begann er seine Lehrtätigkeit an der Universität Bielefeld, wo er bis 1977 eine Professur für Bürgerliches Recht innehatte. Er erhielt Rufe an Universitäten in Deutschland, Österreich und der Schweiz. Seit 1993 bis 2003 war Honsell Mitglied des Vorstands der Deutschen Zivilrechtslehrervereinigung, seit 1999 geschäftsführend. Er ist korrespondierendes Mitglied der österreichischen Akademie der Wissenschaften in Wien. Neben seiner wissenschaftlichen Tätigkeit ist Honsell auch in der Praxis als Gutachter und Schiedsrichter tätig.

Dr. Lena Kunz, LL.M. (UChicago) arbeitet derzeit an ihrem Habilitationsprojekt.

Sie studierte Rechtswissenschaft in Heidelberg, Bilbao und Chicago. Das Erste Staatsexamen legte sie 2007 ab und die Große Juristische Staatsprüfung 2011, u.a. nach einer Station bei der Europäischen Kommission (DG Justice) und am Verwaltungsgerichtshof Baden-Württemberg. 2011 wurde sie – nach Forschungsaufenthalten in Berkeley (Robins Collection), Bilbao und Siena – an der Universität Heidelberg mit einer rechtshistorischen und rechtsvergleichenden Arbeit zur Testamentsvollstreckung promoviert. Es folgten das LL.M.-Studium an der University of Chicago (2013/14, DAAD-Stipendium, UChicago-Stipendium) und Lehrtätigkeit an der Georgetown Law School zum Comparative Property Law. Seit 2007 ist Lena Kunz Mitarbeiterin bei Christian Baldus, Universität Heidelberg.

Dr. Detlef Leenen wurde 1942 in Liegnitz (bis 1945 Schlesien) geboren und ist Professor em. für Bürgerliches Recht, Zivilprozessrecht und Handelsrecht an der Freien Universität Berlin.

Nach einem Jahr als Austauschschüler in West Hartford, Connecticut, legte er das Abitur 1961 am humanistischen Gymnasium bei St. Anna in Augsburg ab. Leenen studierte Rechtswissenschaft in München und Göttingen, gefördert durch die Studienstiftung des deutschen Volkes. Nach beiden Staatsexamina (1966/1972) in München, wurde er dort zwischenzeitlich (1971) promoviert und arbeitete weiter als Assistent bei Karl Larenz. 1982 habilitierte er sich und erhielt im gleichen Jahr den Ruf an die Freie Universität Berlin. Parallel dazu war Leenen Visiting Professor an verschiedenen us-amerikanischen Universitäten. 2007 erfolgte die Versetzung in den Ruhestand und er veröffentlichte 2011 sein Lehrbuch zum BGB AT. Von 2013 bis 2016 war er Mitglied der „Flying Faculty" der Türkisch-Deutschen Universität, Istanbul.

Dr. Sebastian A.E. Martens, M.Jur. (Oxon.) wurde 1980 in Hamburg geboren. Er ist Professor für Bürgerliches Recht, Römisches Recht, Europäisches Privatrecht und Europäische Rechtsgeschichte an der Universität Passau.

Seit 2000 studierte er in Konstanz Rechtswissenschaft, wo er 2004 das Erste Staatsexamen ablegte. Danach ging er zum Masterstudium an die University of Oxford (Worcester College). 2004 bis 2008 war er Mitarbeiter bei Reinhard Zimmermann am MPI in Hamburg, wo er 2008 auch das Zweite Staatsexamen ablegte. Zwischenzeitlich wurde er in 2007 in Regensburg promoviert. 2012 erfolgte die Habilitation an der Universität Regensburg. Nach Lehrstuhlvertretungen erhielt er 2014 den Ruf nach Passau.

Dr. Gerhard Otte wurde 1935 in Hamm (Westfalen) geboren und ist Professor em. für Deutsche Rechtsgeschichte, Bürgerliches Recht und Juristische Methodenlehre an der Universität Bielefeld.

Er studierte in Freiburg, Wien und Münster, wo er 1962 promoviert wurde und sich 1969 habilitierte. 1970 erhielt er den Ruf nach Bielefeld, lehnte spätere Rufe ab und war parallel von 1973 bis 1995 auch Richter am OLG Hamm. Neben Geschichte und Theorie der juristischen Methode forscht er schwerpunktmäßig im Erbrecht sowie zu Recht und Religion.

Dr. Dr. h.c. mult. Bernd Rüthers wurde 1930 in Dortmund geboren und ist Professor em. für Zivilrecht und Rechtstheorie.

Nach dem Studium in Münster legte er dort auch beide Staatsexamina ab und wurde promoviert. Rüthers war ein Jahr wissenschaftlicher Assistent an der Sozialakademie in Dortmund. Es folgten drei Jahre als Direktionsassistent im Zentralen Personalwesen der Daimler-Benz AG. 1967 habilitierte er sich bei Hans Brox in Münster. 1967 bis 1971 war er Ordinarius an der Freien Universität Berlin, parallel 1970 bis 1977 Mitglied der Arbeitsgesetzbuch-Kommission der Bundesregierung. 1971 ging Rüthers an die Universität Konstanz, deren Rektor er von 1991 bis 1996 war. Von 1976 bis 1989 war er Richter am OLG Stuttgart im Nebenamt. Zehn Jahre war Rüthers Gastdozent für Rechtsphilosophie an der Universität St. Gallen/Schweiz. Von 1996 bis 2014 war er im Vorstand der „Stiftung Demoskopie Allensbach“. Seine Interessenschwerpunkte sind Arbeitsrecht, Rechtstheorie, Juristische Methodenlehre, Erfahrungen aus System- und Verfassungswechseln.

Dr. Uwe Wesel wurde 1933 in Hamburg geboren. Er ist Professor em. für Bürgerliches Recht und Römisches Recht an der Freien Universität Berlin.

Nach dem Abitur 1953 studierte Wesel zunächst bis 1957 Altphilologie und Alte Geschichte. Danach begann er das Studium der Rechtswissenschaft, gefördert von der Studienstiftung des deutschen Volkes. Ab 1958 setzte er dieses Studium in München fort, wo er 1961 das Erste Staatsexamen ablegte und Mitarbeiter bei Wolfgang Kunkel wurde. 1964 wurde er von Günther Jahr in Saarbrücken promoviert. Das Zweite Staatsexamen legte er 1965 in München ab, wo er sich 1968 auch habilitierte. Im gleichen Jahr erhielt Wesel den Ruf an die Freie Universität Berlin, deren Vizepräsident er von 1969 bis 1973 war. Nach zwei Parteiverfahren mit dem Ziel des Ausschlusses aus der SPD, ließ er 1973 das dritte einfach über sich ergehen. Seit 2013 ist er wieder in der Partei. 2001 wurde Wesel in Berlin emeritiert. Er ist Mitglied des PEN.